DANS LA MÊME COLLECTION

Pedro de Alcantara : *La Technique Alexander.*
Michel Anselme : *La Morale retrouvée.*
Claude-Marc Aubry : *Chasser la déprime… et profiter de la vie.*
Thierry Bernardin : *Guérir du passé.*
Jacques Bonhomme : *La Voix énergie.*
Julia Cameron & Mark Bryan : *L'Argent apprivoisé. De la dépendance à la liberté d'être.*
Bruno Comby : *Comment vous libérer du tabac.*
Bruno Comby : *Stress-control. Comment vous libérer du stress.*
Charlotte Davis Kasl : *Danser avec la vie.*
Éric Dekany : *La Santé de notre mémoire.*
Carlos Devis & Maria Mercedes de Beltran : *Transformez vos problèmes en opportunités.*
Patrick Estrade : *Vivre sa vie : comprendre, décider et agir.*
Patrick Estrade : *Vivre mieux : mode d'emploi.*
Patrick Estrade : *Le Couple retrouvé.*
Patrick Estrade : *L'Amour retrouvé.*
Patrick Estrade : *Bonjour l'ambiance !… Comment améliorer les relations humaines en milieu professionnel.*
Patrick Estrade : *Vous avez dit névrose ? C'est pas moi, c'est les autres !*
Patrick Estrade : *Parents/enfants : pourquoi ça bloque ?*
Moshe Feldenkrais : *Énergie et bien-être par le mouvement.*
Pierre Fluchaire : *La Révolution du rêve.*
Dominique Fromm : *Dire non, ça s'apprend !*
Gilbert Garibal : *Vers la confiance en vous en huit étapes.*
Gilbert Garibal : *Émotions : mode d'emploi.*
Gilbert Garibal : *En finir avec le trac.*
Céline Gérent : *Le Guide du savoir-vivre sexuel.*
Robert H. Hopcke : *Persona. Du masque social au Moi réel.*
Alain Houel : *Comment faire face aux gens difficiles.*
Chantal Hurteau Mignon & Christophe Jaouën : *Cherche âme sœur.*
Thierry Loussouarn : *Transformez votre vie par la sophrologie.*
Dr Alexander Lowen : *La Spiritualité du corps.*
Dr Alexander Lowen : *La Joie retrouvée.*
Dr Maxwell Maltz : *Psychocybernétique. Comment changer l'image de soi pour transformer sa vie.*
Martine Montalescot : *Le Toucher relationnel.*
Leonard Orr & Konrad Halbig : *Rebirth. L'art de la respiration consciente.*
André Passebecq : *Votre santé par la diététique et l'alimentation saine.*
André Passebecq : *Psychothérapie par les méthodes naturelles.*
André Passebecq : *Mincir naturellement.*
Paul Pearsall : *Le Droit au plaisir.*
Marcel Rouet : *Relaxation psychosomatique.*
Marcel Rouet : *Maigrir et vaincre la cellulite par la détente nerveuse.*
Marcel Rouet : *La Maîtrise de votre subconscient.*
Douglas H. Ruben : *Le Sentiment de culpabilité.*
Alain Saury : *Régénération par le jeûne.*
Yvonne Sendowski : *Gymnastique douce.*
Debbie Shapiro : *L'Intelligence du corps.*
Jean Spinetta : *Le Visage, reflet de l'âme.*
Thierry Tournebise : *Se comprendre avec ou sans mots.*
Thierry Tournebise : *Chaleureuse rencontre avec soi-même.*
Doreen Virtue : *Image et amour de soi.*
Dr Herbert Wagner : *La Maîtrise du lâcher-prise.*

En finir avec le trac

Collection “**Psycho-soma**” (le corps et l’esprit)

OUVRAGES DU MÊME AUTEUR

Cette publicité qui nous dérange (Entente ; 1982).
L'Analyse Transactionnelle pour mieux vivre (Éd. d'Organisation ; 1993).
Être franc-maçon aujourd'hui (Marabout ; 1994).
La Voyance, guide pratique (De Vecchi ; 1994).
Les Trucs antitrac (Marabout ; 1996).
Vers la confiance en vous en huit étapes (Dangles ; 1997).
Le Guide des sciences parallèles (De Vecchi ; 1997).
Le Guide du bénévolat et du volontariat (Marabout ; 1998).
ABC de l'Analyse Transactionnelle (Grancher ; 1999).
La Méthode Coué (De Vecchi ; 1999).
Le Guide de l'animateur efficace (De Vecchi ; 1999).
Devenir franc-maçon (De Vecchi ; 2000).
Émotions : mode d'emploi (Dangles ; 2001).
Sigmund Freud, l'homme, le médecin, le psychanalyste (De Vecchi ; 2001).
En finir avec le trac (Dangles ; 2001).

Gilbert Garibal

En finir avec le trac

Préface d'Anne-Marie Carrière

Éditions Dangles
18, rue Lavoisier
45800 SAINT-JEAN-DE-BRAYE

L'AUTEUR :

Gilbert Garibal est docteur en philosophie (option psychanalyse), psychosociologue, et publicitaire diplômé d'État. Mais, il est avant tout un « homme de contact ».
Très tôt, il a été attiré par l'animation de spectacles, avant de poursuivre son activité dans la vente, et de conduire une carrière dans la communication médico-pharmaceutique, les ressources humaines et la formation en entreprise.

Également initié aux techniques de relaxation en milieu hospitalier, il a une longue expérience des méthodes de développement personnel, issues de la psychanalyse. Il se consacre actuellement à la relation d'aide, au bénévolat associatif et à l'écriture de nombreux ouvrages sur les phénomènes de société.

Ces diverses expériences, conduites parallèlement, lui ont permis de constater l'importance, pour chacun de nous, d'une vie émotionnelle harmonieuse.
Il est plus que jamais conscient, en ce début de XXIe siècle, que l'homme n'existe qu'en relation. Encore faut-il ne pas craindre notre semblable.

C'est de cette peur de l'autre, et donc de soi-même, que Gilbert Garibal traite précisément dans le présent livre.

ISSN : 0397-4294
ISBN : 2-7033-0524-9

Toute ma gratitude à Anne-Marie Carrière pour sa préface pertinente et tonique,

à Pierre Azama,

à Monique Calecki,

à André Castoriano,

à Michèle Sovier-Sandillon,

spécialistes en relations humaines qui ont enrichi ce livre de leur expérience et de leurs conseils.

À Valérie Vannier.

Préface

DANS cet ouvrage, Gilbert Garibal démonte les mécanismes du trac avec une telle précision, que je n'ai rien à ajouter à son propos en ce qui concerne cette émergence soudaine du stress dont nous sommes tous victimes un jour ou l'autre. Je ne peux que l'éclairer par ce que m'a apporté mon expérience de comédienne. Cet auteur et moi nous connaissons depuis longtemps et, paradoxalement, cet homme de communication confirmé n'osait pas me demander si je voulais préfacer son livre. Ça, voyez-vous, c'est de la timidité !

Naturellement, j'ai accepté. Or, avant même de commencer, je me demande si ces quelques lignes vont convenir… Ça, voyez-vous, c'est du trac !

Le trac, c'est la peur du jugement des autres, la crainte de décevoir, l'humilité naturelle d'un être humain conscient de ses faiblesses.

La boutade de Louis Jouvet – rapportée par Gilbert Garibal en introduction –, disant à une apprentie comédienne qu'elle connaîtrait le trac quand viendrait le talent, est amusante mais recouvre plus ou moins la réalité. On éprouve très souvent cette sensation lorsque l'on prend la parole en public, sous quelque forme que ce soit, et parfois tout au long de sa vie… sans avoir pour autant du talent !

Pour le commun des mortels, il suffit de se remémorer son certificat d'études et des yeux sévères de l'examinateur, pour avoir une idée de ce qu'est le trac. Le sentiment qu'éprouve le comédien face à son public n'est pas tellement différent. Un acteur, même chevronné, ne sait jamais jusqu'à quel point il a du talent. Il n'en est pas sûr à cent pour cent. Avec la célébrité, sa responsabilité d'artiste quant aux attentes des spectateurs s'amplifie. C'est la raison pour laquelle le trac ne le lâche pas. Mais plutôt que de le paralyser, il l'aide, il le corsette, il l'oblige à rester vigilant, à faire des progrès. Tant mieux : l'absence de trac proclamée est une fatuité stérile !

Certains individus naissent avec le don de projeter leurs émotions sur leurs semblables. Ils ont de la présence ; on dit d'eux qu'ils ne passent pas inaperçus. Ils sont talentueux, mais ne deviennent pas pour autant des artistes car leur destin ne les pousse pas dans cette direction. Or, ces « surdoués de la communication » disent parfois aux comédiens : « Je ne pourrais jamais affronter seul des centaines de gens, j'aurais bien trop le trac ! » Le talent seul ne suffit donc pas : celui que la vie a posé sur une scène est arrivé à faire du trac son allié. Il est parvenu à cohabiter avec lui !

Contrairement à ce qu'affirmait Jouvet, je peux témoigner qu'une comédienne débutante, sans talent très affermi, peut mourir de trac ! Lorsque j'avais une vingtaine d'années, je me souviens que je me tenais devant le public avec les genoux qui cognaient si fort que je m'appuyais alternativement d'une jambe sur l'autre pour tenter de cacher cette manifestation physique de mon angoisse. Puis, peu à peu, avec les années, le travail, l'expérience, j'ai pris confiance en moi. J'ai appris à respirer et surtout à aimer ceux qui m'écoutaient, suspendus à mes lèvres, pour quelque raison que ce soit : se changer les idées, se distraire, rire ou pleurer.

S'il arrive que les circonstances vous amènent à parler en public avec l'ambition de séduire ou de convaincre votre auditoire, apprenez à apprivoiser le trac, cette manifestation saine et chronique d'humilité ! Ayez des gens qui vous écoutent une image qui ne soit ni trop sévère ni trop idéale. Le public est une hydre, un monstre à têtes multiples. Mais dans toutes ces têtes, il n'y a pas la même chose, sinon ce serait trop simple. Certains auditeurs, sans aménité particulière, ne sont pas *a priori* disposés à vous trouver intéressant, doué ou plaisant. Bref, certaines têtes de l'hydre ne vous sont pas acquises d'avance, ce qui justifie votre trac !

D'autres têtes, au contraire, sont plus indulgentes, plus sensibles, plus promptes à s'enflammer, à vous trouver passionnant. Elles vous sont d'emblée favorables. Vous n'avez pas le droit de les décevoir, ce qui justifie plus encore votre trac ! La plupart du temps, les « bonnes têtes » finissent par influencer les mauvaises, car l'enthousiasme est communicatif. Elles se mettent à pencher presque toutes dans la même direction, celle du succès. Le trac maîtrisé connaît bien l'hydre à têtes multiples. Il sait que l'animal est dangereux, versatile, mais qu'il peut être très bon enfant.

Comme un comédien, entrez « en scène » avec le trac autour du cou, mais écoutez l'hydre se mettre au diapason, regardez-la se détendre. Ses yeux multiples vous envoient des rayons bénéfiques. Le trac se dénoue. Vous avez gagné ! Mais ne vous laissez pas abuser par votre vanité : si votre talent, vos compétences ou votre argumentation vous ont servi, le miracle ne sera pas toujours au rendez-vous. Conservez votre humilité, vous aurez d'autres batailles à livrer !

Car si le talent est un cheval solide, il prend toute sa dimension sous l'éperon du trac !

Anne-Marie Carrière.

INTRODUCTION

Vous avez dit « trac » ?

« Le trac, moi, connais pas !

– Patientez, ma petite, ça vous viendra avec le talent ! »

Cette repartie cinglante de Louis Jouvet est devenue célèbre dans tous les cours de comédie.

Que voulait exprimer le grand acteur à sa jeune élève, qui prétendait ignorer le trac ? Qu'à la seule condition de l'éprouver, elle deviendrait une bonne actrice ? Ou, plus subtilement, que sa sensibilité était encore, à l'évidence, en devenir ? Car que cache ce mot « trac », claquant et incisif comme un coup de fouet, sinon une émotion bien particulière, et qui plus est utile (nous le verrons plus avant) ? C'est d'évidence cette émotion qui vous trac... asse, n'est-ce pas, amie lectrice, ami lecteur, puisque vous ouvrez ce livre...

Vous ne le connaissez que trop bien, ce trac ! Ne surgit-il pas à chaque fois que vous devez prendre la parole en public, alors que vous ne vous jugez pas vraiment timide ? Et ce traître ne prend-il pas de temps en temps un malin plaisir à vous agresser au dépourvu, dans les circonstances les plus courantes de la vie quotidienne ? Chez votre boulangère, par exemple, lorsque vous ressentez une gêne subite en achetant votre baguette ; ou lorsque vous balbutiez pitoyablement en demandant votre chemin à un agent de police ; ou encore quand vous demeurez muet au téléphone, alors qu'un répondeur-enregistreur vous invite à laisser un message ; à moins que vous ne restiez bloqué devant votre papier à lettres au moment d'écrire à un ami… Car vous l'avez sans doute remarqué, point n'est besoin d'être en présence d'autrui pour éprouver le trac…

Comment domestiquer cette émotion qui vient un peu trop souvent à votre gré, tel un lézard espiègle, vous mordiller l'estomac ? Il convient tout d'abord de faire connaissance avec cet hôte volontiers sans gêne et chahuteur, puis d'apprendre à l'obliger, quand il le faut, à se tenir tranquille. Il existe pour ce faire des « trucs » éprouvés, immédiatement opérationnels, qui permettent de juguler le trac en situation d'urgence ; tel est l'objet de la première partie de cet ouvrage.

Au-delà de l'émergence des « crises » de trac, j'ai cherché à définir, dans une seconde partie, quels étaient les facteurs induisant leurs apparitions et leur fréquence. Certains individus sont en effet particulièrement vulnérables au trac, alors que d'autres le gèrent parfaitement. C'est à un véritable « travail de fond » que je vous engage, tant il est vrai que certains terrains sont favorables à l'installation de la petite bête baladeuse et que d'autres le sont moins… Il existe à cet effet différents outils physiques et psychologiques qui ont fait leurs preuves, et qui rendent l'individu plus fort devant le stress, les nuisances et les contraintes de la vie quotidienne.

J'ajoute que cette méthodologie ne doit rien à la pharmacopée ; non que j'aie un quelconque grief envers les médications tranquillisantes, dont les mérites sont indéniables lorsqu'elles sont prescrites à bon escient. Mais en ce qui concerne le « simple trac », forme d'appréhension et sonnette d'alarme réunies, les sédatifs ne me semblent pas nécessaires. Chacun possède en soi les ressources permettant de faire rapidement « ami-ami » avec cette sensation parfois paralysante !

Le trac n'est pas une maladie ; tout le monde le ressent, de multiples façons et à des degrés divers. Je l'ai moi-même connu en maintes occasions et l'éprouve encore aujourd'hui, pourquoi le cacherais-je ? C'est à la fois parce que j'ai appris, d'une part à le comprendre et à dialoguer avec lui (que me veux-tu ?), d'autre part à apprécier son utilité, tout en constatant le véritable handicap qu'il constitue pour certains, que j'ai souhaité rédiger ce guide pratique et… rassurant, je le souhaite vivement.

Puisse son contenu vous aider à aborder votre trac avec le sourire et à lui accorder une écoute et un regard nouveaux. Soyez-en persuadé, *ce sont moins les situations auxquelles vous êtes confronté qui sont « traquantes »... que l'idée parfois monstrueuse que vous vous en faites au préalable.*

Je vous invite à découvrir comment ne pas transformer un gentil lézard... en méchant crocodile !

PREMIERE PARTIE

Une énergie détournée

CHAPITRE I

Le trac, c'est quoi ?

AVANT même de prétendre dompter ce facétieux visiteur, il convient de tenter de donner une définition du trac. Il est communément admis qu'il s'agit d'une émotion. Encore devons-nous comprendre pourquoi et comment se forme cette « turbulence affective » qui vient, à l'occasion, perturber notre fonctionnement cérébral et organique.

Je vous propose donc de consacrer ce premier chapitre à la description de son mécanisme, puis à la place qu'il tient dans la gamme émotionnelle, et enfin, à l'éventuelle « responsabilité » de l'individu dans son irruption.

En un mot, faisons vraiment la connaissance du trac !

1. Anatomie d'une émotion

a) Une vieille histoire

Trac : peur ou angoisse irraisonnée éprouvée au moment de paraître en public, ou de subir une épreuve, qui, généralement, se dissipe dans l'action.

Le dictionnaire nous le confirme, le trac fait partie de la grande famille des peurs de l'homme. Pour bien comprendre cette émotion particulière, et avec elle les mécanismes de la peur, un retour aux sources s'avère nécessaire.

Notre faculté d'imagination – cette «folle du logis» dont nous reparlerons – nous permet aisément de nous représenter l'aventure de l'*Homo sapiens,* et plus précisément la manière dont a évolué au fil des millénaires la sensation de peur. Cette dernière ne l'a-t-elle pas étreint dès qu'il a dû *traquer* le gibier (de l'ancien français *trac,* piste des bêtes, signification première du mot) et se disputer la nourriture avec ses semblables? Lorsqu'il s'est dressé sur ses pattes de derrière pour inspecter son environnement, qu'a-t-il découvert en scrutant l'horizon et en levant les yeux au ciel, sinon sa petitesse? Et qu'a-t-il ressenti, si ce n'est sa vulnérabilité dans un milieu hostile, qui plus est orchestré par des forces mystérieuses?

Ce constat n'a pu qu'enraciner en lui la méfiance vis-à-vis des éléments, de la flore, de la faune… et de ses congénères. Dès lors, son instinct de conservation lui a commandé de protéger sa vie. Il s'est trouvé submergé non par une peur, mais par un ensemble de peurs dont certaines sont toujours blotties au tréfonds de notre cerveau reptilien. Cet atavisme nous amène encore aujourd'hui à considérer comme sources potentielles de danger l'obscurité (la clarté va-t-elle revenir après la nuit noire?), le tonnerre, la tempête, les tremblements de terre, les volcans, les rivières en crue (où me réfugier?), mais aussi la forêt, la montagne, l'eau et la glace, le froid, la neige, la chaleur et le feu, les animaux sauvages (comment me protéger?). Enfin, fortement ancrées, demeurent la peur de l'«autre» (l'homme n'est-il pas un loup pour l'homme?) et celle de la mort.

Autant de menaces, sources de questions angoissées que l'acquisition du langage permettra progressivement à l'homme de formuler… et qui, à leur tour, alimenteront ses peurs ! Ainsi, les terreurs ancestrales nourrissent-elles celles d'aujourd'hui, traversant le temps et se confortant de cette continuité.

Guy de Maupassant[1] décrit très bien ce phénomène : « La vraie peur, c'est quelque chose comme une réminiscence des terreurs fantastiques d'autrefois. »

b) Les mécanismes de la peur

Qui dit danger, dit peur, nous venons de le voir. Et la peur – que sa cause soit réelle ou imaginaire – déclenche une réaction de l'organisme. Bien sûr, les dangers auxquels nous sommes confrontés de nos jours sont loin de revêtir l'importance vitale de ceux d'autrefois. Cependant, les réactions fondamentales, bien qu'atténuées, demeurent les mêmes que celles de nos ancêtres.

Ainsi, lorsque vous trouvez une contravention sous l'essuie-glace de votre voiture, quand vous recevez un rappel d'impôt de votre percepteur, ou que vous vous présentez à un entretien d'embauche, votre appareil endocrinien, alerté par votre « centre des émotions », se met instantanément en marche. Le lézard qui sommeille en vous se réveille et démarre d'un trait ! Autrement dit, vos glandes surrénales (sur le rein), stimulées par l'hypothalamus (situé à la base du cerveau), sécrètent dans votre sang deux hormones, l'adrénaline et la noradrénaline, en plus ou moins grande quantité suivant votre degré d'émotivité. En quelques instants, votre organisme se met en état d'urgence (l'adrénaline est d'ailleurs un précieux et puissant stimulant cardiaque) :

- Votre cœur bat plus vite et plus fort.
- Votre tension artérielle augmente.
- Vos vaisseaux sanguins se contractent.
- Votre taux de sucre s'élève.
- Vos cheveux se hérissent.

---

1. Dans *Les Contes de la bécasse.*

- Vos pupilles et vos bronches se dilatent.
- Votre bouche s'ouvre et vous montrez les dents.
- Vos muscles se tendent.
- Vous transpirez abondamment.

Il est évident que les facteurs qui ont déclenché ces réactions relèvent plus de l'énervement ou de l'appréhension que de l'instinct de survie. Alors, pourquoi une telle transformation, et si subite ? Pourquoi ce branle-bas de combat ? En fait, votre organisme, sollicité par la peur ancestrale inscrite dans ses viscères, se mobilise pour un éventuel affrontement : vos muscles gorgés de glucose sont prêts à l'action, votre acuité visuelle est décuplée, vous êtes préparé à mordre ou à crier, votre capacité respiratoire est accrue, la sueur qui vous inonde rafraîchira votre corps en cas d'action violente…

Cette réaction physique qui peut sembler démesurée par rapport aux stimuli correspond au concept des « 3 F », décrit en 1915 par le neurophysiologiste américain Cannon, qui définit exactement l'alternative devant laquelle se trouvait l'homme des cavernes :

Fright (peur) = Fight (combat) ou Flight (fuite).

Certes, les milliers d'années écoulées ont émoussé, voire transformé, aussi bien les manifestations défensives que le comportement de l'homme moderne. Aujourd'hui, la société ne permet plus guère à l'individu l'expression de son pur instinct. Même si l'envie ne vous en manque pas, il est hors de question de mordre une contractuelle zélée, pas plus que d'assommer votre percepteur. De même, il est préférable de vous présenter à un entretien d'embauche le plus paisiblement du monde, sans intentions belliqueuses !

Pourtant, ce contrôle des réactions et des comportements, s'il est nécessaire, peut avoir des effets pervers ; comme l'a montré le chercheur Henri Laborit[2], lorsque vous êtes en *inhibition d'action,* votre peur – parfois doublée d'un sentiment d'injustice ou d'infériorité – peut vous entraîner vers des conduites inadaptées.

---

2. *Éloge de la fuite* (Laffont ; 1999).

c) Peurs d'aujourd'hui

Alors que notre lointain ancêtre de Cro-Magnon se tenait sur ses gardes de façon quasi permanente, la peur étant une composante fondamentale de son mode de fonctionnement, celle-ci, à l'orée du XXIe siècle, désunit l'*Homo modernus*. Comme l'indiquent avec pertinence Denis Huisman et Henri Vergez[3] : « L'être ému ne s'appartient plus, il est à la lettre mis "hors de lui" *(e-motio).* »

L'exemple suivant vous donnera une idée de ce que peut être la désorganisation de la réponse d'un individu « civilisé » face à un danger donné : là où l'homme primitif eût d'instinct réagi violemment, il est souvent totalement paralysé.

Supposez qu'un cambrioleur s'introduise dans votre appartement alors que vous dormez. Le bruit d'un fauteuil renversé dans le salon vous réveille en sursaut... Aussitôt, la lueur baladeuse d'une lampe électrique vous glace de frayeur. Vous voudriez vous lever d'un bond, allumer l'électricité et sauter sur l'intrus que vous vous représentez menaçant, peut-être armé d'un revolver ou d'un couteau mais, impossible de bouger, vous êtes recroquevillé et paralysé sous les draps ; une sueur glaciale ruisselle sur votre corps et ne fait qu'accentuer le tremblement qui vous a saisi tout entier. Vous entendez maintenant les tiroirs de votre bureau s'ouvrir un à un. Vous essayez de crier, mais les sons restent bloqués dans votre gorge. Puis vous percevez un grincement de charnière... Votre visiteur est en train de repartir tranquillement par où il est venu : la fenêtre de la salle de bains. Cette pensée vous noue les intestins. Vous avez littéralement la peur au ventre ! Vous êtes envahi par un sentiment de rage impuissante, qui continuera de vous tarauder les jours suivants. Ce gredin ne vous a-t-il pas volé votre argent liquide et votre ordinateur portable ? La simple évocation de cette sinistre nuit vous donne le frisson. Quel mauvais souvenir !

---

3. *Philosophie* (t. I « L'Action », Marabout ; 1994).

En l'occurrence, la terreur vous a réduit à néant. Pourtant, il n'est pas logique de vous culpabiliser ensuite. Non, vous n'avez pas manqué de courage : vous avez été submergé par la peur, ce qui est tout à fait différent. En outre, il est permis de se demander si son effet paralysant n'a pas été, ici, une bonne chose. Cette forme de « fuite sur place » ne vous a-t-elle pas, en quelque sorte, fait « oublier » du cambrioleur et, par là même, protégé du danger inhérent à l'affrontement éventuel ?

Au-delà de l'anecdote, cet exemple nous permet de constater que la peur s'articule habituellement en trois phases distinctes. Se succèdent en effet :

- *La peur pensée* (mon cerveau reçoit et traite l'information du danger).
- *La peur ressentie* (mon corps accuse réception de l'agression).
- *La peur opérante* (j'adopte si possible une stratégie immédiate : attaque ou fuite).

Cette trilogie est mise en évidence par le Dr Gérard Apfeldorfer qui parle, quant à lui, de *peur mentale,* de *peur viscérale* et de *peur comportementale*[(4)]. Selon cet auteur, ces trois peurs ne respectent plus chez l'homme moderne l'ordre de préséance évoqué ci-dessus : elles peuvent survenir simultanément, comme agir individuellement. Ainsi, la peur-signal et de fait « organisée » de nos ancêtres prend aujourd'hui la liberté de se transformer en une émotion-désordre susceptible d'aboutir à un fiasco.

d) Peurs innées, peurs acquises

S'il est évident que la peur est inscrite en chacun de nous, il n'est guère aisé de différencier les terreurs instinctives – qui concernent notre survie – de celles que nous développons au cours de notre éducation. En effet, la vie est l'école même de la peur, laquelle s'apprend autant qu'elle apprend.

4. *Pas de panique ! Manuel à l'usage des phobiques, des angoissés et des peureux* (Hachette Pratique ; 1998).

L'enfant, explorateur infatigable, construit son expérience au fil d'une alternance permanente entre la crainte et la curiosité.

Parmi toutes les peurs que peut développer un être humain lors de son éducation, celle qui nous intéresse au premier chef est celle de l'autre. En effet, c'est de cette dernière que se nourrit le trac. Le psychiatre Cyrille Koupernik insiste avec raison sur cet aspect majeur du développement de l'enfant[5]. Dès que ses yeux voient distinctement, le bébé reconnaît le visage de ses parents et s'y habitue. Il fait aussi très vite la différence entre la peau soyeuse de maman et la joue qui pique de papa. Bientôt, de nouveaux personnages apparaissent, veulent l'embrasser, des bras étrangers le saisissent, le serrent, l'emprisonnent. Ne veulent-ils pas m'emporter ? Mes parents auraient-ils l'intention de m'abandonner ? Et pourquoi, après tous ces ballottages, me recouchent-ils tout seul dans le noir ? En fait, m'aiment-ils vraiment ?

Combien de terreurs prennent-elles ainsi racine dans la petite enfance, à cet âge carrefour de 8 mois, précisément dénommé « stade de l'angoisse » par le psychologue américain René Spitz ? Combien d'enfants empruntent-ils alors le chemin de la méfiance et du retrait sur soi, alors que leurs camarades s'engagent sur la voie de l'ouverture confiante aux autres ?

Mon propos n'est certes pas de montrer du doigt les parents inattentifs ou surprotecteurs. Freud, lui-même père de famille nombreuse, n'a-t-il pas dit : « Élevez vos enfants du mieux que vous pouvez, de toute façon ça sera mal » ?

En tout état de cause, qu'elle trouve ses racines dans des traumatismes enfantins, qu'elle soit favorisée par un « terrain émotif » particulièrement vulnérable, l'appréhension d'autrui est un des facteurs déterminants du trac.

---

5. *Le Livre des peurs* (Ramsay ; 1987).

L'émotivité : atout ou handicap ?

➢ La personne émotive est généralement décrite comme très impressionnable. Elle est, dit-on, affectée par des événements la plupart du temps insignifiants et qui laissent froid tout un chacun. Bref, aux yeux de son entourage, c'est souvent quelqu'un qui se trouble vraiment «pour un rien».

➢ Cette vision par trop réductrice – qui dans les cours de récréation fait encore traiter de «femmelettes» les garçons jugés hypersensibles – ne correspond pas toujours à la réalité, loin de là. Peut-être avez-vous vous-même un tempérament «émotif»? Dans ce cas, ne perdez pas votre temps à accuser vos parents ou la fatalité ! Appréciez plutôt les qualités qui sont les vôtres. Amoureux du vrai et du beau, vous êtes un sensitif, un être vigilant, très observateur, attentif aux autres. Curieux des êtres et des choses, vous avez besoin de comprendre le monde qui vous entoure. Vous questionnez, analysez et cherchez toujours le «pourquoi» des situations auxquelles vous vous trouvez confronté.

➢ Le créatif, l'artiste, le «découvreur» qui sont en vous proposent spontanément des idées nouvelles et des solutions aux problèmes posés. L'enthousiasme qui vous porte peut faire de vous – parfois sans que vous le vouliez – un leader, une locomotive qui tire le groupe et l'incite à bouger, en un mot un animateur apprécié. Sauf des jaloux, bien entendu !

➢ Réjouissez-vous d'être ainsi profondément impliqué dans votre époque et de posséder le bien si précieux qu'est l'intuition. Et félicitez-vous de disposer de ce cadeau permanent que vous offre l'émotion : un regard d'avance sur la vie !

2. De l'angoisse au trac

a) Des mots pour un mal

Le vocabulaire français ne manque pas de mots pour désigner la peur sous toutes ses formes, du langage académique ou médical à la poésie de la langue verte. Si nous nous référons au *Larousse,* nous trouvons par ordre alphabétique *angoisse, anxiété, appréhension, crainte, effroi, épouvante, frayeur, horreur, inquiétude, panique, phobie, terreur...* et *trac.* Mais l'argot n'est pas en reste pour désigner la vieille compagne de l'homme. Au point que les dictionnaires donnent également une foule de mots et d'expressions imagés, désormais passés dans le langage populaire. Nous trouvons ainsi, entre autres : *avoir les chocottes, les foies, la frousse, les grelots, les jetons, la pétoche, la tremblote, la trouille, le trouillomètre à zéro, les guiboles en flanelle, des nœuds dans le bide, plus un poil de sec,* etc.

Des termes évocateurs, auxquels nous prenons la liberté d'ajouter la colère et la tristesse, deux émotions voisines qui viennent souvent mettre leur grain de sel dans l'expression de la peur et qui rendent par contrecoup l'individu anxieux particulièrement irritable, nerveux, voire agressif.

On le voit, le menu est long des variantes de la peur, avec pour chacune ses subtilités et ses symptômes. Des délicieux frissons que s'offre dans son fauteuil l'amateur de films d'horreur à la boule dans la gorge que ressent subitement l'automobiliste pris dans un embouteillage. De la sueur qui inonde le parieur sur la ligne d'arrivée du champ de courses aux yeux troublés de l'étudiante qui cherche fébrilement son nom sur la liste des reçus au baccalauréat. De l'angoisse soudaine, sans raison connue, suivie d'une atroce sensation de mort imminente qui envahit ce comptable devant son ordinateur à l'atroce sentiment d'oppression du dîneur qui se sent tout à coup prisonnier et doit quitter la table de restaurant et ses amis pour s'enfuir prendre l'air... autant de manifestations, entre mille autres sensations pénibles, qui peuvent se cacher derrière les mots de la peur.

À ce florilège déjà conséquent, il faut ajouter un autre vocable très en vogue : celui du stress. En effet, qui aujourd'hui ne s'est jamais dit « stressé », à tort ou à raison (quand ce n'est pas « speedé ») ? Par un glissement de sens, le stress – mot anglais qui définit à l'origine « l'ensemble des perturbations biologiques et psychiques subies par un organisme exposé à une sollicitation, bonne ou mauvaise » – désigne aussi très souvent l'agent stresseur. Autrement dit, le fait de perdre votre salaire du mois en une minute au casino de Deauville, ou celui de gagner un séjour aux Caraïbes lors d'un jeu radiophonique constituent deux situations de stress ; dans ces deux cas, en effet, votre organisme doit s'adapter à l'événement.

Votre réponse au stress peut se limiter à une décharge d'adrénaline, c'est-à-dire à une simple émotion-signal. Mais si vous rejouez dans la semaine au casino d'Enghien dans le but de vous « refaire » et que la malchance vous poursuit, votre énergie psychique va accuser une baisse sensible ; à coup sûr vous craquerez jusqu'à la dépression le mois suivant à Monte-Carlo, après avoir misé… et perdu le solde de votre compte en banque !

Le scénario sera similaire, avec les mêmes désordres hormonaux et nerveux, si à votre retour des Caraïbes vous gagnez le gros lot au jeu télévisé du « Millionnaire » puis, dans la foulée, une voiture au « Bigdil ». Une suite de chocs sympathiques mais dont la répétition, en l'occurrence, exige de vous un cœur solide !

Les facteurs de stress peuvent aussi devenir très sérieux, constituant une source permanente d'anxiété, d'autant plus dommageable quand ils surgissent au quotidien et ne sont pas vraiment désirés. De la tyrannie d'un « petit chef » mesquin, ivre de son pouvoir et jamais satisfait qui terrorise tout un service, à l'insécurité d'un sinistre couloir de métro qu'il faut emprunter chaque soir pour attraper une rame bondée. De la crainte, pour certains, de perdre leur emploi à la désespérance, pour d'autres, d'en trouver un, les exemples sont nombreux de situations qui usent au quotidien la résistance des individus. Toute émotion entretenue, agréable ou pénible, souhaitée ou non, ne doit pas se perpétuer au-delà de certaines limites, sous peine de générer parfois de fâcheuses pathologies.

b) Anxiété ou angoisse

Dans cet inventaire des peurs et avant d'aborder le problème spécifique du trac, il semble judicieux de s'arrêter quelques instants sur les termes *anxiété* et *angoisse* que nous entendons si fréquemment. Le langage courant va jusqu'à créer une sorte de hiérarchie de la crainte, qui va du « petit inquiet » au « grand anxieux », voire au « super angoissé ». Certains, non sans humour, sont même allés jusqu'à établir un « syndrome du pantalon », pour évaluer l'intensité du malaise chez un individu donné :

- *L'inquiet,* toujours prévoyant, ne croise jamais les jambes pour ne pas froisser son pantalon.
- *L'anxieux,* organisé qu'il est, en possède toujours un de rechange au bureau, en cas de problème.
- Quant à *l'angoissé,* pessimiste par définition, il porte à la fois des bretelles et une ceinture… on ne sait jamais.

Plus sérieusement, que nous dit l'étymologie ? De fait, il semble bien que les deux mots ont une origine commune, *angh,* racine indo-européenne signifiant serrer, comprimer, que le latin a ensuite décliné en *angustus* (serrement, striction) et *anxius* (qui a donné l'italien *ansio,* impatience). S'appuyant sur cette évolution, certains puristes ont avancé que l'anxiété serait une crainte totalement psychique, et l'angoisse une peur mentale majorée par des désordres physiques (poitrine « prise dans un étau », sensation de jambes coupées, etc.).

Nous pensons, quant à nous, que ces deux sensations ont tendance à se mêler pour ne faire qu'une, et qu'elles expriment finalement la même chose : le sentiment sourd d'un danger imminent et de la menace qu'il représente, au point de créer un trouble, voire un désarroi profond, tant de l'esprit que du corps du sujet concerné.

Même si la psychiatrie préfère le mot anxiété alors que la psychanalyse, influencée par la philosophie, privilégie le terme d'angoisse, il ne me semble pas capital d'établir à toute force une distinction entre les deux vocables. En revanche, il est important d'observer que ce tandem très actuel n'a plus grand-chose à voir avec les frayeurs de nos ancêtres. Celles-ci correspondaient à un risque bien identifié et à sa prévention – attaque d'un ours ou violent orage, par exemple –, alors que les anxiétés ou les angoisses contemporaines sont ce que l'on nomme des peurs sans objet ou, en tout cas, tout à fait disproportionnées par rapport au danger réel.

c) Le trac, quel truc !

Il nous fallait faire ce détour par l'expression des différentes formes de peur, pour aborder maintenant cette « petite peur » qu'est normalement le *trac.* Nous le savons, la peur, que nous la nommions *inquiétude, angoisse* ou *anxiété,* nous est nécessaire pour vivre, puisqu'elle nous maintient en alerte. À petites doses, elle nous permet de nous protéger, de nous adapter, elle nous stimule même. Mais une sensation de peur omniprésente devient carrément gênante, si ce n'est invalidante.

Y a-t-il vraiment une différence entre l'anxiété et le trac ? En dehors de l'intensité de l'émotion, variable selon les sujets, on peut d'abord remarquer que l'anxiété n'a pas besoin d'une situation donnée pour exister, alors que le trac, *émotion anticipée,* s'applique à un événement prévu. De ce fait, l'anxiété se traduit par l'attente pénible et diffuse d'un danger ressenti comme imminent mais le plus souvent ignoré, tandis que le trac se distingue par la crainte d'une circonstance annoncée, bien définie et redoutée. S'il est lié à la durée, celle-ci reste circonscrite au laps de temps qui s'écoule entre l'appréhension (au double sens du terme, *connaissance* et *crainte*) de l'événement et sa réalisation. Ainsi, on a rarement le trac à l'improviste, ou bien il présente l'avantage d'être très bref.

Si, au moment du dessert lors du banquet annuel de votre association cycliste, on sollicite votre talent de chanteur imitateur pour entonner *À bicyclette* à la manière d'Yves Montand, vous n'aurez pas le temps d'avoir le trac. Et, parce que vous ne vous faites pas prier, vous serez debout en train de chanter avant même de ressentir la moindre peur ! En revanche, le trac aurait pu vous saisir dès l'apéritif si le président avait alors promis votre prestation à l'assistance pour la fin du repas !

Au vrai, le trac commence toujours par un autoquestionnement donc, consciemment ou non, avec le doute de soi-même qui entraîne la peur de la réaction de l'autre (ou des autres). En clair, le discours intérieur est le suivant : « Vais-je être à la hauteur et le (ou les) satisfaire ? »

Nous le verrons plus loin, le trac ne surgit pas uniquement lors d'une prise de parole en public, comme on le pense communément. Mais il est certain que c'est dans les situations impliquant un rapport à autrui qu'il nous apparaît le plus offensif, ne serait-ce qu'en nous « coupant le sifflet », voire toutes nos facultés d'idéation et de raisonnement. Histoire vécue :

Je me souviens, comme si c'était hier, du jour où j'ai passé mon permis de bateau sur la Seine, près du pont de Charenton. Le trac m'avait envahi la semaine précédente, dès réception de ma convocation. Ce formulaire que je lisais et relisais était devenu un véritable écran de télévision : je me voyais sans cesse sur le fleuve, aux prises avec le bateau et l'examinateur ! Révisions, supputations, évaluations se succédaient. Lorsque j'évoquais l'examen, mon cœur battait la chamade, mon estomac se tordait et un courant électrique me zébrait le dos pendant de longues minutes.

Le grand matin venu, après une nuit d'un court sommeil, impossible d'avaler la moindre bouchée. Juste (quelle erreur !) un bol de café, qui ne fit que m'agiter davantage. En voiture pour Alfortville, me vint aux feux rouges l'idée saugrenue d'écrire au stylobille sur la paume d'une main quelques signes courants de morse, afin de les visualiser une dernière fois. Tout navigateur ne doit-il pas connaître par cœur la signification des coups de sirène ? Ce faisant, j'eus la terrible impression… de n'être plus qu'un trou de mémoire !

Sur le quai, la mine apeurée des candidats qui attendaient ne fit qu'accentuer mon trac. Lorsque je me retrouvai à mon tour au volant du canot, assis près d'un fonctionnaire sec et hautain, que l'on m'avait dit être un ancien commandant de la marine marchande, je n'en menais vraiment pas large ! Je tremblais comme une feuille, de la tête aux pieds. Après une série de slaloms peu rassurants entre les péniches en circulation, il me demanda de m'arrêter près d'une pile du pont. C'est l'endroit qu'il avait choisi pour les questions sur le code de navigation, là au milieu de la Seine ! Au vu des photos qu'il me présentait, je m'entendis répondre mécaniquement, presque à voix basse, la bouche sèche et la

Vous avez le trac ? Tant mieux !

➢ Répétons-le, la peur est une émotion tout à fait normale qui a des effets positifs. N'est-ce pas grâce à la peur préventive que vous prenez garde aux voitures quand vous traversez la rue ? Ne vous engage-t-elle pas à vous défendre lorsque vous êtes agressé ? N'avez-vous jamais constaté qu'elle peut conduire au dépassement de soi-même, quand il s'agit, par exemple, de porter assistance à autrui ?

➢ En cela, la peur maîtrisée est salutaire. Que dirait-on en effet d'un aviateur insouciant qui ferait décoller son appareil sans procéder aux vérifications d'usage ? Que penserait-on d'un guide de haute montagne désinvolte au point de partir en escalade sans prévoir les équipements de sécurité nécessaires ? Sinon qu'il s'agit d'inconscients qui mettent leur vie et celles des autres en péril ?

➢ Au même titre que la peur, le trac est lui aussi nécessaire. Face à un public ou à une épreuve donnée, il est, à dose légère s'entend, un détecteur, un informateur précieux. À l'image de la vigie d'hier et du radar d'aujourd'hui, il renseigne le pilote du bateau sur les écueils à éviter et lui indique les manœuvres à effectuer pour tenir le bon cap. Encore faut-il le recevoir non comme une agression, mais telle une énergie dynamisante, et s'appliquer à la canaliser vers l'action. C'est ainsi que l'on peut faire en sorte que le trac ne soit plus un… traquenard !

glotte nouée. Les mains moites et crispées sur le volant, je confondais allégrement les plaques fluviales avec les panneaux routiers ; le remous d'une péniche me donna une nausée subite. Ça clapotait aussi dans mon estomac ! Je fus ensuite prié de rejoindre la rive où, ultime épreuve, il me fallut accoster parallèlement au quai. Malgré mes efforts répétés, marche arrière, marche avant, un bon mètre nous en séparait, que mon tortionnaire dut franchir d'un bond pour retrouver la terre ferme…
Je n'ai jamais compris comment, dans cette sorte d'état second, j'ai pu obtenir la précieuse feuille rose. Quant au candidat suivant, il a dû se demander pourquoi le bois ciré du volant était taché d'encre fraîche. Sacré trac !

On vient de le voir, les manifestations du trac peuvent prendre des dimensions impressionnantes. Si on le laisse faire, il échappe rapidement à la catégorie des « petites peurs » et passe allégrement dans la cour des grandes !

3. Les aliments du trac

a) L'imagination

Si peur et trac prennent divers visages, ils engendrent aussi des comportements bien différents, voire paradoxaux.

Vous ne ferez pas monter cette femme en avion : l'idée même de pénétrer dans ce tube étroit, puis d'y être enfermée plusieurs heures au risque de céder à la panique, qui plus est en plein ciel, lui donne sueurs et vertiges. Elle a peur… d'avoir peur !

Ce baroudeur est un passionné de rallyes automobiles. Il prend tous les risques en traversant les déserts. Il n'ose pourtant pas avouer sa phobie à son équipier : dès qu'il met pied à terre aux étapes, il voit partout des araignées, dont il a une peur bleue…

Dans toutes les villes d'une tournée fort médiatisée, ce brillant pianiste, qui fait chaque jour salle comble, est insolent d'aisance… jusqu'au soir où il s'avise, en plein concert, que sa mère doit le regarder à la télévision. Il écourte alors sa prestation et sort de scène, mort de trac !

Qui irait imaginer que cette jeune employée d'allure si frêle, rêvant derrière le guichet de la banque, attend le week-end avec impatience ? Pourtant, 500 km à moto pour aller « sauter à l'élastique » du haut d'un viaduc ne lui font pas peur... En fait, elle adore avoir peur !

Autant de réactions dissemblables, qui ont pourtant un point commun : elles trouvent leurs fondements dans l'imagination de nos quatre sujets. À la source de leurs émotions les plus intenses, cette précitée « folle du logis » induit des comportements parfois inadaptés. Car si l'homme peut, par son seul esprit, compenser sa petitesse grâce à la faculté de « sortir de lui-même » et élargir son univers en ayant un regard d'avance sur la vie, son évaluation des situations à venir n'est pas toujours des plus objectives. Même si l'invisible et le futur sont depuis la nuit des temps synonymes de menaces, nous sommes parfois enclins à nous en forger des idées fausses.

Supputer quant aux dangers de l'inconnu, c'est souvent les majorer, voire les fabriquer de toutes pièces. Que va-t-il nous arriver ? Qu'est-ce qui nous attend ? Quel est l'enjeu de nos actes ? Autant de questions qui appellent le doute dont naît l'anxiété, volontiers génératrice d'images peu rassurantes, lesquelles engendrent à leur tour d'angoissantes anticipations. Ainsi s'établit le cercle vicieux de nos terreurs.

Si certaines personnes – comme notre intrépide employée de banque – aiment à cultiver ce genre de frissons, reconnaissons qu'ils n'ont rien de jubilatoire pour la plupart d'entre nous.

Qui dit imagination dit projection d'un film sur notre écran mental. Nous pouvons facilement, réflexe ancestral oblige, créer sur-le-champ des scènes négatives. Ce que l'on oublie trop souvent, c'est qu'avec une vision optimiste, il nous est tout aussi loisible de positiver le film !

Notre suggestion

➠ Vous êtes cette femme (ou cet homme) qui se glace d'effroi à l'idée de prendre l'avion. Dans un premier temps, faites défiler dans votre tête, avec force détails, une séquence négative d'un voyage aérien. Autrement dit, offrez-vous une grosse peur imaginaire !

Vous arrivez à l'aéroport, chancelante et en sueur, après une nuit blanche. Vous accédez à l'avion comme si vous montiez à l'échafaud. À peine assis, une hôtesse agressive vous intime l'ordre d'attacher votre ceinture. Vous êtes bel et bien prisonnière de cet engin qui déjà s'arrache du sol et vous vous retrouvez à 10 000 m d'altitude. L'avion est alors pris dans une violente tempête qui le secoue dans tous les sens, à tel point qu'il doit faire un atterrissage forcé. Il descend pratiquement en piqué et vous voyez la terre se rapprocher à grande vitesse. Vous êtes recroquevillé(e) sur votre siège dans l'attente de l'explosion. L'appareil se rétablit à l'ultime seconde. Ses roues touchent le sol, il rebondit et part en dérapage, pour s'immobiliser enfin, à quelques mètres d'une maison. Vous sortez de l'avion, hagarde, les jambes coupées…

➠ Que pouvait-il vous arriver de pire, sinon la mort ? Ce scénario catastrophe liquidé, passons maintenant à la séquence positive.

Vous arrivez à l'aéroport détendue et heureuse de partir pour les Canaries. Une hôtesse souriante vous accueille à la porte de l'avion et vous dirige vers votre siège. Vous attachez votre ceinture. Autour de vous, les autres passagers font tranquillement de même. Les haut-parleurs diffusent une musique douce et apaisante. L'appareil roule maintenant sur la piste, prend son élan, décolle ; par le hublot s'offre à vous un paysage en Cinérama. Vous avez l'impression de glisser silencieusement sur les nuages. Bientôt vous est servi un délicieux repas. Très bon, ce beaujolais nouveau ! Après une courte sieste, on vous annonce déjà votre descente vers Tenerife, qui scintille sous le soleil. L'avion atterrit en douceur et vous en sortez… presque à regret !

➠ Ne manquez pas d'avoir recours à cette imagerie mentale préparatoire dans toutes les situations où la peur, comme le trac, viennent envahir votre champ d'action. N'hésitez pas à visionner les scènes dans leurs moindres détails.

➠ En bref, permettez à votre imagination de faire son cinéma… mais le bon seulement !

b) L'orgueil

L'imagination, dont je viens de décrire les méfaits, ne se contente cependant pas de s'exprimer avant l'épreuve. Il arrive bien souvent qu'elle se fasse entendre et vienne nous déranger alors même que nous sommes confrontés à une situation qui exige une parfaite maîtrise de nos capacités.

Ainsi, ce comédien chevronné est-il précisément ce soir victime de son imagination : ne voit-il pas un couple de spectateurs, au premier rang, qui depuis le début de son one-man-show, *ponctue chacune de ses phrases par des gestes bizarres, riant systématiquement à contretemps ? Ce manège le met mal à l'aise, à tel point qu'il se déconcentre jusqu'à éviter de justesse le trou de mémoire. Il apprend à l'entracte que l'une de ces deux personnes est sourde et se fait traduire le texte en langage des signes par son compagnon. Rassuré, notre acteur retrouve tous ses moyens au second lever de rideau.*

Que pensait-il, alors que le trac commençait à le déstabiliser, sinon que ces spectateurs se moquaient de lui ? Et que ressentait-il, malgré son professionnalisme, sinon une blessure d'amour-propre ?

Se produire en public, que ce soit devant mille, cent, dix ou une seule personne, c'est s'exposer. On craint de se montrer, certes, mais aussi d'être « deviné », percé à jour, et ce, paradoxalement, d'autant plus que les auditeurs – ou l'auditeur – sont des inconnus. Alors que nos familiers font preuve chaque jour, du moins le pensons-nous, d'indulgence et de complicité à notre égard, les étrangers, eux, sont censés se forger en une seule fois une opinion en ce qui nous concerne. L'enjeu d'une prestation en public devient alors considérable. Pendant notre discours, notre conférence, à l'occasion d'une rencontre, ce sont des centaines de regards (voire un seul, parfois encore plus impressionnant) qui nous scrutent, nous fouillent, nous transpercent… Ainsi s'exprime en nous la petite voix de notre imagination !

Si nous y sommes aussi réceptifs, et si nous redoutons ces yeux impudiques (ou que nous considérons tels) fixés sur notre personne, n'est-ce pas parce que nous avons quelque chose à cacher, à nous reprocher ? En effet, nous voulons le plus souvent paraître à notre avantage, donner à voir le meilleur de nous-même, notre énergie, nos qualités, nos compétences, notre assurance, etc., et laisser dans l'ombre, autant que possible, nos carences, nos complexes, nos doutes et… nos peurs. N'est-ce pas d'ailleurs un réflexe tout ce qu'il y a de plus humain ? « L'homme, ce misérable petit tas de secrets ! » dit André Malraux.

Le trac fait partie de ces secrets. Ne convient-il pas de garder pour soi cette douleur au plexus, cette sensation de vertige ou ce soudain bourdonnement d'oreilles quand, dans le cadre de son travail, on doit par exemple présenter en assemblée des résultats décevants ? Et peut-on s'interrompre pour rafraîchir d'un verre d'eau salvateur une bouche desséchée par l'angoisse ? Non ! ce serait montrer sa « faiblesse », sa vulnérabilité.

Pourtant, si le trac est un phénomène naturel, pourquoi s'évertuer à le cacher ? S'ingénier à se montrer insensible et « froid » face à l'événement ; en un mot, « truquer » avec le trac, revient… à le renforcer. Sachons-le, le trac se nourrit de trac.

En tout état de cause, est-il bien raisonnable de se composer un personnage détaché, pour ne pas dire robotisé, dont on devient l'esclave bâillonné et qui, en l'état, nous fait souffrir « mille morts » ? Les émotions, de la grande bourrasque affective au plus léger frémissement de trac, ne sont pas faites pour être inhibées mais pour exulter, pour servir, pour créer. Peut-on empêcher la lave d'un volcan de jaillir ? Évidemment non, mais on peut intelligemment profiter de l'énergie de sa poussée pour la canaliser et fertiliser une vallée !

Enfin, faire mystère de son trac, le passer sous silence, le taire comme une maladie honteuse – que, bien entendu, l'on serait le seul à avoir contractée – et par là même s'en culpabiliser, est une manière de l'ancrer négativement en soi, d'ajouter du trac au trac. Le fait de se dire, en quelque sorte : « J'ai attrapé le trac, c'est bien fait pour moi, je dois souffrir » revient à se laisser gouverner par son orgueil, sa peur, et aboutit à terme à l'autoflagellation.

Ce cocktail « héroïque » conduit d'ailleurs bien souvent à un comportement social qui l'est beaucoup moins : on a alors tendance, en toute mauvaise foi, à rendre les circonstances responsables de tous les échecs que l'on rencontre. Si vous acceptez d'animer une soirée amicale et que le trac compromet l'habileté de vos tours de prestidigitation, n'accusez pas l'assistance d'être mauvais public. Au lieu de vous répéter : « Mais qu'est-ce que je suis venu faire dans cette galère ? », demandez-vous plutôt si votre prestation ne manquait pas de quelque préparation et s'il ne faut pas y chercher la cause de votre maladresse !

Notre suggestion

➡ Ne vous cramponnez pas à des formules définitives du genre : « Le trac, moi? Connais pas! »

➡ Avant toute prestation, soyez à l'écoute de vos émotions, décodez les signaux qu'elles émettent, les réactions qu'elles vous dictent, et posez-vous les questions suivantes :

- Qu'est-ce que ce public attend de moi?
- Ai-je les moyens de répondre à son attente?
- Dans l'affirmative, comment vais-je opérer?

➡ Ne craignez pas d'exprimer ce que vous ressentez dès le début de votre intervention. Si votre trac est intense, ce n'est pas faire preuve de faiblesse ou de lâcheté que de confier cette émotion au public. Non seulement il appréciera votre franchise et votre humilité, mais vous vous sentirez soulagé sur-le-champ et deviendrez plus performant par la suite.

c) La timidité

Une confusion courante tend à assimiler le trac à la timidité et, par là, à considérer les deux mots comme des synonymes. Si l'un et l'autre termes rendent bien compte d'un état affectif, celui-ci ne découle toutefois pas de la même cause. Alors que le trac est une émotion surgissant à l'occasion d'une situation particulière, qui est donc généralement limitée à sa durée, la timidité procéderait plutôt d'une inhibition caractérisée, impliquant une idée de permanence.

Gardons-nous toutefois de présenter la timidité comme une manifestation innée et irréversible. S'il existe une timidité constitutionnelle, force est de constater que la société sait aussi très bien la créer, comme la faire disparaître au fil de la vie relationnelle (et c'est heureux). De fait, combien d'enfants, taxés dans leurs premières années de timidité, voire de sauvagerie, développent ensuite des rapports sociaux parfaitement harmonieux ! D'autres, en revanche, turbulents et effrontés jusqu'à désespérer parents et éducateurs, rentrent dans leur coquille à la puberté, pour devenir ensuite très réservés. Et ne convient-il pas d'évoquer ces familles repliées sur elles-mêmes, pour tout dire « étanches », qui limitent leur ouverture sur le monde à l'écran de télévision (et encore, à l'heure des informations !) ; leurs enfants, au nom de tous les dangers extérieurs, sont élevés dans un véritable culte du retrait et de la méfiance. Ne fabriquent-elles pas ainsi des individus timides et craintifs qui perpétuent à leur tour un triste modèle de non-communication ?

Il y a pourtant timide et… timide ! Nous connaissons tous des individus qui se définissent volontiers comme tels et montrent d'ailleurs beaucoup de retenue dans leurs comportements quotidiens, jusqu'au jour où nous les voyons, en groupe restreint ou plus important, se métamorphoser à la surprise générale en grands bavards ou en amuseurs irrésistibles. Se retrancher derrière une prétendue timidité peut constituer une judicieuse manière de camoufler sa véritable nature, pour qui souhaite en réalité ne s'impliquer que quand il le veut bien !

Sans vouloir cultiver le paradoxe, nous remarquerons encore que tous les timides n'éprouvent pas forcément le trac. Si la prise de parole en public n'est pas leur « tasse de thé », ils sont toutefois capables de s'exprimer sans réactions émotives démesurées lorsque les circonstances l'exigent. Le navigateur Éric Tabarly, qui n'était guère expansif, racontait sobrement ses courses devant caméras et micros, mais il n'affichait aucune gêne ou appréhension particulière. Et en mer, il n'avait assurément pas le temps d'avoir le trac !

Cela étant, il existe une vraie timidité, parfois qualifiée de « maladive », qui affecte certains individus. Si elle est dans certains cas la conséquence d'une éducation surprotectrice ou, à l'inverse, trop sévère, elle peut aussi résulter d'une image erronée que l'on se fait de soi-même (« Je ne me plais pas, je ne plais pas ! ») Une couleur de cheveux (quel mal a pu faire le cruel sobriquet de « poil de carotte » !), une coquetterie dans l'œil, un cheveu sur la langue ou un nez que nous estimons trop long ou trop court suffisent parfois pour que s'installe une timidité «longue durée», même si cette particularité physique, jugée irrémédiablement disgracieuse par celui qui la possède, constitue un charme réel aux yeux d'autrui.

Au cortège des «symptômes» de la timidité – anxiété, gaucherie, peur du ridicule, culpabilité, sentiment d'infériorité, agressivité, etc. – viennent ainsi, lors de certaines circonstances, s'ajouter les effets du trac déjà inventoriés. Si les peureux, les phobiques, les angoissés et les timides, que nous sommes tous plus ou moins, pratiquent autant que faire se peut l'«évitement» – tant dans les ascenseurs, que dans l'avion, le métro, la voiture, ou encore dans les cocktails, les bals ou les spectacles –, nous ne pouvons tout esquiver et, entre autres épreuves incontournables, nous nous retrouvons tous un beau matin de notre parcours, sans recul possible, dans une salle d'examen (écrit, oral… ou médical). Et Dieu sait que certains examinateurs s'y connaissent en… intimidation, et qu'un scanner, voire une simple seringue, peuvent être, eux aussi, impressionnants.

Vous êtes timide? rien n'est perdu! D'anciens timides nous le disent tous les jours sur les ondes et à longueur de colonnes dans les journaux : la timidité, ça se prend en main et ça peut s'effacer. Il suffit de trouver le bon remède.

Celui-ci ne bégaie plus et a retrouvé la joie de vivre depuis qu'il prend des cours d'expression orale et explore les rôles les plus divers du théâtre amateur.

Tel autre exprime enfin sa personnalité dans le chant choral. Il a remarqué que la responsabilité qui lui est confiée au sein d'un groupe a dilué son trac.

Cette jeune femme a totalement sublimé ses inhibitions et ses peurs (celle de l'avion entre autres!) en se lançant dans l'aide humanitaire, aussi bien en France qu'à l'étranger.

Quant à ce célibataire endurci et solitaire qui a découvert la marche en groupe, il a non seulement trouvé le chemin de la communication, mais aussi l'âme sœur!

Notre suggestion

➠ Trac et timidité, timidité et trac, les deux peuvent donc, avec des traductions physiques similaires, s'amalgamer, se renforcer l'un l'autre... et faire boule de neige. Mais ils peuvent aussi, comme la boule de neige, fondre au soleil ! Pour que cela soit possible, il est nécessaire d'atteindre tout d'abord trois objectifs :

- Si, d'évidence, vous ne pouvez modifier ni votre personnalité ni la couleur de vos yeux, vous êtes en revanche capable de changer votre regard sur vous-même. Il convient de vous accepter tel que vous êtes. Vous affirmer consiste donc, avant même de vouloir vous imposer aux autres, à vous aimer, tout simplement ! Qu'est donc finalement la timidité, sinon un manque de confiance en soi, le résultat d'une auto-dévalorisation perpétuelle ?
- Le mot « oui » n'est-il pas un des plus beaux de la langue française ? Penser « oui » plutôt que « non », c'est s'ouvrir des portes, aller vers l'action. Vous décidez alors, vous entreprenez, vous allez à la rencontre d'autrui, en un mot, vous existez. Ce qui ne doit pas vous empêcher, quand il le faut, de savoir refuser ce qui ne vous convient pas... et de dire « non »[6] !
- Sachez rire des choses drôles de la vie. Le rire est l'un des meilleurs agents antitrac et le plus puissant dissolvant de la timidité qui soit.

d) Les autres

Très tôt, le « petit d'homme », conforté par le contact physique et visuel de ses proches, subit l'expérience du regard de l'autre, qui le fixe et le dérange. Alors qu'il interprète comme des signes d'amour les sourires de ses parents, ceux des étrangers ne lui disent rien qui vaille ! En tant qu'animal social, il doit pourtant s'y soumettre : l'autre, cette menace réelle ou imaginaire, fait aussi partie de sa vie. Devenu adulte, il perpétue cette contradiction inhérente à l'espèce humaine : parce qu'il en a besoin pour être reconnu, il lui faut cohabiter avec ses congénères, alors même qu'il les redoute.

6. Picardat, Jean-François : *Le Grand Guide du timide* (Marabout ; 1995).

Ainsi, les autres sont-ils à la fois :

- *Ses témoins,* qui lui prouvent qu'il existe en le gratifiant ou en le sanctionnant.
- *Ses concurrents,* parce qu'ils sont à ses yeux un autre moi.
- *Son miroir,* parce qu'ils lui renvoient son image.

« Être vu » au quotidien – autrement dit être dévisagé, scruté, observé, analysé –, c'est donc simultanément :

- *Se savoir jugé* (ses prestations sont bonnes ou mauvaises).
- *Se sentir menacé* (les autres sont peut-être meilleurs que lui et vont l'éliminer).
- *Se voir exposé* (il se « découvre » fragile, vulnérable).

Autant de raisons, ô combien suffisantes, pour avoir le trac, c'est-à-dire peur des autres… et de soi-même. Car quels sont pour un individu les enjeux de ce rapport de force, sinon, outre celle du verdict d'autrui, la crainte de perdre son estime et de constater finalement sa propre incompétence ?

Lorsque ce boxeur amateur monte sur le ring, c'est avec le ferme espoir de gagner. Il s'est bien entraîné, parce qu'il connaît la valeur de son adversaire et ne veut pas décevoir son public. Il a de nombreux supporters dans la salle et leurs applaudissements l'encouragent. Il ressent malgré tout un gros accès de trac au début du combat ; en effet, son challenger est un peu plus grand que lui et de réputation coriace. Les partisans de ce dernier sont déchaînés, et notre champion en herbe redoute son direct du gauche. Sa seule chance ce soir, c'est son uppercut !
L'échange est rude et, au fil des rounds, *il mesure sa fatigue grandissante dans le regard de l'autre boxeur dont les coups lui martèlent le visage, le foie, l'estomac. Quant aux siens, ils partent souvent dans le vide… Cruel affront, ses sympathisants se mettent à le siffler, et ceux de son concurrent à hurler de joie. « Je ne peux pas leur faire ça, je dois réagir ! » pense-t-il confusément. Il sent pourtant le combat lui échapper, et son moral avec. Son angoisse monte, visible de tous… Il est maintenant complètement en défense, acculé dans les cordes, ses gants sur le visage, haletant sous l'averse de coups. Au vrai sens du mot, il est « traqué »…*

Nous arrêtons ici la relation de ce combat. Imaginons que notre jeune boxeur, dans un sursaut salvateur, va réussir à retourner la situation à son profit ! Pourtant, le manque de confiance en lui, la crainte de ne pas être à la hauteur, de déplaire à son public, sa peur du jugement d'autrui, le spectre de l'échec, tous les constituants habituels du trac étaient réunis dans son approche de ce match. Certes, notre exemple se situe dans le domaine du sport amateur, qui rime avec formateur. Beaucoup plus dommageable est, en revanche, l'attitude de la société qui persiste à entretenir le culte du « gagnant » par le biais de la compétition à tous les niveaux, et tout d'abord à celui du « paraître ». Sous le regard de l'autre, les insignes sociaux distinctifs (ma maison, ma voiture, mes vacances), la « signalétique corporelle » (mon blouson X, ma montre Y, mes lunettes Z), prennent une importance démesurée, contribuant à semer les graines d'un égocentrisme forcené. Il n'est qu'à observer notre comportement « urbain » en voiture, cette armure des temps modernes. Phares et Klaxon ne sont-ils pas nos mitrailleuses de bord symboliques ? Le problème n'est d'ailleurs plus de rouler, mais de s'arrêter : que se libère une providentielle place de parking, elle représente illico – vieil instinct guerrier – un territoire à s'approprier, puis à défendre !

Que dire alors de ceux qui sont éjectés de cette compétition parce qu'ils n'ont plus les moyens de « donner à voir » à leur entourage que tout va bien, qu'ils font partie de ceux à qui tout réussit ? Conserver sa situation, comme espérer en trouver une, constitue une source quotidienne de trac, en train de virer pour certains, à l'anxiété chronique. Et, au total, que cache cette agressivité quotidienne à fleur de peau, sinon, encore et toujours, notre peur de l'autre ?

Notre suggestion

➡ Depuis nos premières couches-culottes, nous sommes habitués à séduire l'autre, d'abord pour qu'il nous protège, puis, au cours de notre existence, pour lui faire plaisir et obtenir son affection en échange de la nôtre. Nous vivons avec la peur constante de perdre l'« objet d'amour ». Qu'il nous abandonne, et nous lui montrons aussitôt, d'une façon ou d'une autre, notre tourment et notre rancœur.

Trac nocif, trac créatif

➢ «L'enfer, c'est les autres!», prétendait Jean-Paul Sartre. Cette affirmation peut effectivement se vérifier, si nous appréhendons le rapport à nos semblables en termes d'infériorité ou de soumission. Il y a de grandes chances alors pour que, dans une attitude d'enfant inféodé à une autorité parentale ou scolaire, l'on soit gouverné par deux peurs :

– Celle d'être coupable et d'avoir «mal fait».
– Celle du jugement et de la punition.

➢ Un trac inhibant s'incruste alors en nous et affecte nos relations. Notre propension à «passer la brosse à reluire» peut conduire l'autre à se laisser d'abord cirer une chaussure, puis à nous regarder de haut… et à tendre l'autre pied!

➢ Un curieux mélange de peur et de ressentiment déguisé vient ainsi parfois pervertir la qualité de nos relations avec certaines personnes, alors que c'est nous-même qui, souvent par excès d'imagination, leur prêtons des intentions ou des jugements qu'elles n'ont pas forcément… au départ, tout au moins!

➢ En revanche, si nous considérons l'autre, quel qu'il soit, avec respect et tolérance, si nous décidons de le rencontrer en toute égalité, notre peur n'a pas de raison d'être, nous avons confiance en nous et nous sommes bien dans notre peau.

➠ Cette quête de reconnaissance nous coûte une énergie considérable – aussi bien dans notre vie personnelle que professionnelle ou sociale –, elle est, en outre, une source de tensions et d'angoisses permanentes.

➠ Peut-on échapper à un tel conditionnement? Oui, en cessant de survaloriser l'autre (et de se sous-estimer du même coup), qu'il s'agisse de l'être aimé, d'un parent, d'un ami, d'un patron, d'une assemblée… ou d'un adversaire sportif.

➠ Remettre l'interlocuteur à sa (juste) place, c'est rendre le trac inopérant!

CHAPITRE II

Dé-con-*trac*-tez-vous !

SI le trac constitue – à petite dose – un précieux « motivateur » qui accompagne l'action, il est surtout ressenti au quotidien comme un agresseur.
Ce trublion ne perturbe-t-il pas, quand ça lui chante, non seulement notre esprit, mais aussi nos capacités physiques ? Ne vient-il pas, lors de nos prestations publiques, nous ôter le moyen de communication qu'est la parole, tout en inhibant sa fidèle assistante, la gestuelle ? Comment ne pas se laisser alors paralyser par le trac ?
C'est ce que nous allons voir dans ce chapitre.

1. Parler

a) Le trac, ce coupe-gorge

Alors que nos ancêtres des cavernes « donnaient de la voix » pour effrayer leurs adversaires, l'homme moderne a plutôt tendance à perdre la sienne quand il est saisi par le trac !

Les professionnels de la parole, qu'ils soient enseignants ou conférenciers, comédiens ou politiciens (il s'agit de la même profession, disent les mauvaises langues), vendeurs ou animateurs, sont tous aux petits soins pour ce bien si précieux : leur voix. Ne savent-ils pas que, sous l'effet de la fatigue, de l'effort, du froid, comme de l'émotion, leur « instrument de travail » peut les trahir à tout moment ?

N'est-ce pas, en effet, au niveau de l'organe vocal – grâce auquel s'établit précisément la communication – que le trac s'amuse en priorité à couper le contact ? Les génies du raccourci que sont les cruciverbistes ne s'y sont d'ailleurs pas trompés, en définissant le trac par des expressions comme *coupe-gorge* (J. Bonot) ou, évoquant le théâtre, comme *maladie des planches* (R. Lespagnol).

Rappelons succinctement comment naît la voix. Notre « haut-parleur » naturel émet des sons grâce à un système à trois niveaux animé de bas en haut :

- Nos poumons évacuent l'air inspiré (la soufflerie).
- Ce courant d'air fait vibrer nos cordes vocales près de la glotte (le vibrateur).
- L'air expulsé se transforme en modulations puis en mots, grâce à notre bouche (l'amplificateur).

Chacun d'entre nous donne alors à sa voix son timbre personnel, selon la forme des os de son crâne et de son visage, son palais, sa langue et ses dents. Nous nous exprimons ainsi avec une voix que l'on dit de poitrine (grave), ou de tête (aiguë) ; elles peuvent elles-mêmes se décliner en voix rauque, nasale, perchée, fluette, blanche ou tremblante, voire étranglée, quand nous sommes agressés par le trac !

Autant d'adjectifs qui laissent deviner que la voix traduit émotions et sentiments, dont elle est effectivement, soulignons-le, le remarquable et fidèle véhicule.

À travers elle, le comédien exprime tour à tour son lyrisme, son enthousiasme, ses emportements ou son désespoir. Grâce à elle, l'homme politique peut se montrer à la fois dynamique, enjôleur, déterminé, sincère et… vainqueur. À cause d'elle, en revanche, le vendeur de voitures, pris de trac devant un client sourcilleux, peut soudain apparaître haletant, hésitant, chevrotant, éteint, et rater sa vente. En effet, l'appareil vocal, instrument de travail, mais aussi instrument à vent aux ordres du cerveau, en trahit directement les défaillances.

Pourtant, la voix sait montrer souplesse, polyvalence et sociabilité, en s'adaptant parfaitement aux circonstances, pour peu qu'on s'applique à l'éduquer. Cette remarque est importante, car une voix maîtrisée donne vite une totale assurance. En revanche, lorsque nous prenons conscience que nous bafouillons, nous sommes prêts à laisser le trac nous perturber aussi bien au plan mental que corporel. Les bons imitateurs le savent bien : lorsqu'ils ont vraiment trouvé le timbre de voix de leur « victime », ils entrent avec plus d'aplomb dans sa peau, jusqu'à lui ressembler physiquement.

Notre suggestion

➠ Lors de vos interventions en public, n'hésitez pas à hausser d'emblée le ton (avec le sourire), non seulement pour être bien entendu, mais aussi pour vous donner du « punch ». En effet, parler fort impose de gonfler davantage ses poumons. Cette amplitude respiratoire accrue exerce mécaniquement une poussée d'air plus puissante qui « dénoue » au passage une glotte crispée par le trac.

➠ Que vous parliez debout ou assis, de larges inspirations vous détendront, redresseront votre dos et vous donneront vigueur et aisance devant votre auditoire.

➠ Enfin, une voix pleine (sans pour autant saturer la sonorisation) capte l'attention. Vous aurez ainsi le sentiment de beaucoup mieux « occuper le terrain ».

b) Vos précieux alliés

Pour la plupart d'entre nous, depuis notre plus tendre enfance, notre entourage et les institutions (famille, école, service militaire) nous ont appris à nous taire en société. Alors même que nous avons sur les autres espèces vivantes le merveilleux privilège de la parole, ces injonctions de silence (« On ne parle pas à table ! », « Pas un mot dans les rangs ! », « Vos gueules là-d'dans ! »...) n'ont évidemment pas favorisé notre expression orale et gestuelle. Comment s'étonner que beaucoup d'entre nous soient encore tétanisés au moment de parler en public ? Un vieux relent de culpabilité, qui sait, vient alors perturber, voire neutraliser, leur capacité à s'exprimer, à moins que ce ne soit une impression soudaine de solitude devant une assemblée jugée glaciale. Vous vous reconnaissez dans cette réfrigérante évocation ? Rassurez-vous, vous n'êtes pas seul, bien loin de là, pour faire face au groupe ! Vous possédez en vous-même et autour de vous de précieux alliés, opérationnels sur-le-champ, qui peuvent vous assister lors de vos prises de parole, en toutes circonstances.

Dans un précédent ouvrage[1], nous avons inventorié les sept critères fondamentaux d'une bonne expression orale, à savoir : la *respiration,* la *décontraction,* l'*articulation,* l'*humeur,* le *regard,* l'*environnement* et la *gestuelle.* S'ils sont indispensables pour optimiser le discours, ils constituent aussi, chacun à leur manière, sept outils efficaces pour contenir parfaitement le trac.

La décontraction

Vous l'avez remarqué, c'est à chaque fois pareil ! Vous êtes invité en milieu associatif à faire un exposé, sur votre dernier Paris-Brest-Paris à vélo, par exemple. Une crainte diffuse vous pénètre. Il a suffi que le président vous clame quelques jours auparavant : « Tu verras, les copains sont très sympas, sois décontracté ! » pour que précisément vous ne le soyez pas du tout. À l'idée de vous exprimer dans une salle étrangère, devant de nombreux inconnus, le même senti-

1. *Le Guide de l'animateur efficace* (De Vecchi ; 1999).

ment d'incapacité et de doute revient. « Pourquoi ai-je accepté ? Jamais je ne pourrai tenir cette conférence ! » vous répète la petite voix intérieure que vous connaissez bien.

Il faut dire que vous gardez le souvenir d'un épouvantable oral de philosophie, quand vous étiez étudiant. Il s'est imprimé dans votre mémoire ! Vous le revivez comme si c'était hier, à seulement évoquer ce jury d'examen, « traquant » au possible :

- Vous vous sentez transpercé par le regard d'acier de ces quatre jurés sans âme.
- Votre cœur bat à tout rompre, votre respiration est saccadée, votre gorge se noue.
- Votre bouche est sèche, votre langue pèse une tonne ; vous transpirez.
- Vos jambes sont en coton.
- Vous tirez un sujet... « Freud était-il un philosophe ? » Étrange question... tête vide, trou noir...
- Vous essayez de parler mais le son ne sort pas... Vous bredouillez lamentablement. Si seulement vous pouviez vous enfuir... Mais comment ?

Images pénibles et surtout... imagination fertile ! Car depuis le temps que vous vous rejouez ce film, vous y avez probablement ajouté des passages dramatiques et oublié les dialogues. Repassons ensemble cette épreuve, et reprenons le scénario, voulez-vous ?

- Quoi de plus normal que de ressentir une certaine tension au moment de parler devant un public. Tout le monde l'éprouve. Qui ne serait pas sur le qui-vive à ma place ?
- Je reprends mon souffle, je respire plus profondément, plusieurs fois de suite ; je sens déjà revenir mon calme.
- Mon cœur ralentit et je déglutis à nouveau normalement. Ce trou de mémoire n'a duré que deux ou trois secondes.
- Mes idées s'éclaircissent, je maîtrise bien mon sujet.
- Je développe mon plan en regardant les examinateurs. Finalement, ils n'ont pas l'air aussi hostiles que je le pensais. Il y en a un qui opine du chef et un autre qui me sourit.
- J'ai retrouvé toute mon assurance. Je le sens, c'est gagné !

Que venons-nous de faire, sinon tourner, avec notre Caméscope mental, un nouveau film qui a effacé le précédent en même temps que votre trac rétroactif ! Vous êtes psychiquement décontracté, fin prêt pour préparer avec soin l'exposé que vous allez présenter (avec succès) sur votre fameux Paris-Brest et retour. Une belle aventure cycliste, en vérité, dont les émotions méritent d'être partagées avec un auditoire !

Maintenant, comment se détendre physiquement avant une prestation orale ? Il existe des méthodes physiques personnalisées pour dompter le trac, qui apparaît bien comme une énergie détournée de son but initial, et qu'il convient, d'une manière ou d'une autre, de remettre dans le droit chemin.

➽ ***La relaxation*** : à l'évidence, le relâchement neuromusculaire est la base même de la bonne expression verbale. Le training autogène, technique mise au point au début du siècle par le médecin allemand J. H. Shultz, demeure une des méthodes de relaxation physique et mentale les plus utilisées.

Vraiment efficace, cette technique s'inspire du yoga. Entre autres exercices, nous vous recommandons celui du « Cocher de fiacre assoupi », qui peut se pratiquer très facilement avant toute « entrée en scène ». Dans un endroit calme, asseyez-vous quelques minutes, le corps penché en avant, les coudes sur les cuisses et les mains pendantes (comme si vous veniez de lâcher des rênes imaginaires). Dans cette posture, respirez lentement, en portant attention aux mouvements de votre glotte.

Très vite, à condition de désirer ce bien-être et de bien vous concentrer, vous sentirez votre larynx se décrisper, puis une détente musculaire générale vous gagnera, et votre trac disparaîtra[2].

2. Pour en savoir plus, reportez-vous à l'ouvrage de Christiane Brand-Hetzel : *Training autogène* (Marabout ; 1992).

La gymnastique : comme les sportifs (ce qui est le cas pour un randonneur cycliste !) vous pouvez très bien assortir cette pause de relaxation d'une mini-séance de gymnastique, à la manière de certains acteurs de théâtre qui, en coulisses, font une cinquantaine de « pompes » avant le lever de rideau.

Sans aller jusqu'à réaliser cette performance, une bonne série de moulinets des bras, de flexions des genoux, de rotations du bassin ou quelques abdominaux, allongé sur le dos, sont des exercices faciles qui vous mettront en forme. S'il vous reste un trop-plein d'énergie à évacuer, vous pouvez toujours soulever une chaise par un pied une petite vingtaine de fois avant de prendre la parole !

Une autre sorte de gymnastique, essentiellement respiratoire et vocale celle-là, consiste, comme le faisaient Pierre Brasseur ou Fernandel, à vociférer pendant un quart d'heure contre un ennemi fictif, en arpentant sa loge. Encore faut-il disposer du « gueuloir » nécessaire !

La conscience de soi : nous vous avons mis en garde contre le danger d'entrer dans la peau d'un autre, dont vous seriez prisonnier. Laissez cette métamorphose au comédien, dont c'est précisément le métier. Parler d'une autre voix que la sienne, adopter des gestes artificiels, exprimer de faux sentiments, autrement dit s'obliger à « gérer » un personnage pour jouer la comédie au quotidien, fait perdre toute spontanéité. Et cela expose à coup sûr aux affres du trac, puisqu'il faut en permanence se camoufler, craignant d'être découvert. Un jeu bien fatigant ! d'autant plus qu'un discours ampoulé et une attitude guindée, comme des sourires de circonstance ou une fausse décontraction, installent rapidement une véritable barrière entre le locuteur et ses auditeurs ! On ne trompe pas longtemps les autres de cette manière.

Au même titre que l'autodévalorisation, la survalorisation de soi génère le mal-être et perturbe la communication. En conséquence, respectez toujours cette règle de bon sens : en prenant la parole devant une assemblée, conservez votre naturel ! Oui, vous avez le droit d'être ému et de le dire. Vous montrerez ainsi une simplicité sans façons qui ira droit au cœur des gens. Avec un tel esprit d'ouverture et de franchise, le trac n'aura guère de prise sur vous. Il se trouvera désamorcé par le simple fait que vous en reconnaîtrez l'existence.

La respiration

Comme la décontraction, la respiration tient un rôle capital dans la gestion du trac. Bien que nous respirions normalement dix-huit fois par minute environ, il est recommandé de porter ce rythme de vingt à vingt-cinq fois par minute lors d'une prise de parole en public. Pourquoi ? tout bonnement pour nous permettre de nous exprimer aisément, sans manquer d'air ! Une séquence d'une vingtaine de mots peut ainsi être prononcée entre deux « virgules respiratoires », lesquelles ne sont pas perçues par le public comme des hésitations.

Alors que, pendant le sommeil, notre respiration fonctionne, si l'on peut dire, sur « pilotage automatique », on peut parfaitement la contrôler à l'état de veille. C'est une bonne occasion (nous ne le faisons jamais assez) d'activer notre système respiratoire et d'augmenter le volume de notre cage thoracique. Ne manquez pas de pratiquer chaque jour quelques exercices de respiration. Vous êtes coincé dans un embouteillage ? au lieu de vous énerver, aspirez le plus profondément possible et bloquez votre respiration pendant des séquences de quinze à vingt secondes, comme si vous preniez une réserve d'oxygène avant de nager sous l'eau. Bien sûr, vous seriez mieux à l'air frais, mais c'est une manière de vous détendre, mine de rien, place de la Concorde !

Chez vous, dans un endroit calme, pratiquez cet exercice en lisant à haute voix pendant tout le temps de l'expiration. Vous devez ainsi parvenir, avec de courtes inspirations, de trois, de deux, puis d'une seconde, à porter vocalement un texte « sur le souffle » le plus longtemps possible (jusqu'à vingt secondes, si vous le pouvez). Ce protocole peut vous paraître fantaisiste ; il constitue pourtant un véritable entraînement qui vous évitera l'asphyxie lors des longues tirades verbales ou d'émettre des bruits d'aspirateur en reprenant votre souffle, si vous parlez dans un micro !

Le fait de prendre le temps de bien prononcer les mots et de moduler son timbre de voix grâce à une bonne capacité respiratoire conduit à la pleine maîtrise de l'expression orale. Nous le savons, l'air inspiré nourrit le cerveau. Une bonne oxygénation du sang favorise donc une conscience claire et la confiance en soi. L'émotion coupe la respiration et raccourcit le souffle. En vous appliquant à *bien respirer tout en parlant,* vous dynamiserez votre discours et réduirez le trac inopportun.

L'articulation

Si le « savoir-respirer » libère le larynx et permet aux sons de passer, encore faut-il que l'émetteur de ces sons les transforme en mots intelligibles pour l'auditeur. C'est ce que les professeurs de théâtre apprennent en priorité aux élèves comédiens, en leur martelant, à longueur de cours, cette consigne impérative : AR-TI-CU-LEZ !

Qu'est-ce que l'articulation, sinon l'art de se faire parfaitement comprendre ? Pour cela, la forme du discours compte tout autant que le fond. Si le fait d'articuler demande un effort particulier au locuteur, il évite au public d'avoir à en faire un.

Le trac vient-il raidir votre mâchoire avant une prestation ? Qu'à cela ne tienne, vous allez assouplir vos mandibules ! Commencez par prononcer une série de « A », exactement comme vous le demande votre médecin quand il regarde le fond de votre gorge. Vous continuerez avec des séries des autres voyelles (E, I, O, U), que vous prononcerez longuement, avant de passer aux syllabes (AU, EL, IL, OU, UN, puis AC, EN, IM, OL, UT, etc.). Un tel exercice de diction, s'il n'est pas destiné à faire de vous un acteur, donnera toutefois de la flexibilité à votre voix. N'omettez pas de vous entraîner également à bien prononcer les consonnes, que le trac vous fait parfois avaler. Si je vous dis : « E-OIS-UE-OUS-A-EZ-AS-E-AC ! », vous ne comprenez évidemment rien à mon charabia. Lorsque je remets les consonnes à leur place, tout rentre dans l'ordre et vous m'entendez distinctement prononcer : « Je vois que vous n'avez pas le trac ! » Je viens en quelque sorte de mastiquer les sons, pour les faire résonner dans ma bouche en maintenant mes lèvres souples. Voilà tout le secret d'une bonne articulation ! N'oubliez pas de pratiquer cette petite gymnastique verbale avant de prendre la parole en public. Vous vous mettrez « en voix », en trouvant la bonne tonalité, exactement comme si vous régliez une sonorisation, et *vous ne donnerez pas prise au trac*, grâce à votre tonus vocal.

L'humeur

De même que le registre de votre voix vous rend audible et percutant, l'expression de vos traits vient soutenir votre texte et participer à l'installation du climat correspondant. Si vous étiez journaliste de télévision, il ne vous viendrait pas à l'idée d'apparaître hilare pour informer les téléspectateurs d'une terrible collision de trains. Et il serait inapproprié d'adopter un air lugubre pour leur annoncer un sensible allégement de l'impôt sur le revenu.

De même, si vous étiez chef d'entreprise, vous arboreriez un visage sérieux pour apprendre au personnel réuni le déménagement de votre société du centre-ville en périphérie. Vous deviendriez grave pour l'informer de l'absorption de votre groupe par un autre, mais enjoué, à l'évidence, dans le cas inverse. Et vous seriez également joyeux lors de votre petite allocution pour le « pot » de fin d'année, vous montrant enfin chaleureux et attentionné en épinglant la médaille du travail sur le veston d'un vieux collaborateur. Il ne s'agit pas pour autant d'en rajouter, de « charger », comme on dit au théâtre. Afficher l'humeur qui correspond à vos propos, c'est apparaître sincère et crédible aux yeux de vos interlocuteurs. Vous le serez aussi en communiquant vos sentiments, en acceptant les leurs en retour, en échangeant avec eux en confiance, en un mot en les respectant.

Dans notre monde inquiet où l'individualisme est roi, où il est de bon ton de garder pour soi ses émotions, l'assistance ne s'y méprendra pas. Une accolade fraternelle, une franche poignée de main, assorties de mots qui sonnent juste, seront appréciées. Ces signes conviviaux exprimeront toute la différence entre la sensibilité du cœur, la vraie, et une sensiblerie de circonstance trop souvent affichée.

Quand l'être et le paraître convergent devant une assemblée prête elle-même à aller au-delà des apparences, la peur de l'autre s'efface et le trac devient inutile. Dans une relation sans autre enjeu que la réussite commune, celle-ci s'impose d'elle-même, en douceur.

Par ailleurs, s'il existe un outil complémentaire vraiment efficace pour atteindre autrui (quand le contexte le permet, cela va de soi), c'est bien l'*humour,* avec ses complices le *sourire* et le *rire.* Vous êtes animateur, vendeur, conférencier professionnel ou orateur d'un soir ? Soyez-en persuadé, votre public attend d'être étonné, voire instruit par vos propos, mais aussi amusé, friand qu'il est de mots d'esprit et de savoureuses anecdotes !

L'humour est un puissant réducteur de tensions. Comme vous, l'assistance est sur le qui-vive au début d'une allocution, quelle qu'en soit la nature. Elle a besoin d'une permission de détente. Une histoire drôle ou quelques bons mots vont tout de suite la lui accorder, et vous détendre vous-même. Pour autant, la bonne humeur demande une mise en condition et même un rituel, chez certains. Tel animateur de radio s'offre une séance de « mise en bouche » dans le micro d'ordre, en plaisantant avec son réalisateur, chaque matin, avant de prendre l'antenne. Tel comédien, qui doit faire rire les spectateurs d'entrée de jeu, pense tous les soirs à la même blague désopilante et débarque tout joyeux sur scène. Quant à cette malicieuse enseignante de français, elle feuillette dans le métro son dictionnaire des écrivains humoristes pour trouver la citation cocasse du jour, fort attendue par ses élèves, qu'elle inscrira au tableau en arrivant en classe. Tant pis si les autres voyageurs regardent d'un œil suspicieux cette femme qui rit toute seule en sortant du wagon !

On le voit, une bonne disposition d'esprit peut se préparer. En l'occurrence, « entrer en bonne humeur » demande que l'on oublie momentanément factures à payer et déboires sentimentaux, pour être vraiment disponible aux autres et obtenir en retour leur attention. Cela permet de ne pas se présenter devant un auditoire avec des soucis à la fois derrière et devant soi. Dans tous les cas, le fait de laisser ses états d'âme au vestiaire avant d'aborder une prestation revient, pour une très large part, à se décharger du *trac préliminaire.* Ne serait-il pas dommage de se priver du formidable facteur de détente qu'est le rire, cet *antitrac naturel,* propre à l'homme, comme chacun sait ?

Le regard

Vous vous souvenez sans doute des parties de colin-maillard de votre enfance. Dans le même esprit, amusez-vous à vous bander les yeux au cours d'un repas entre amis. Vos sens peuvent alors être perturbés, tant au plan spatial que gustatif et olfactif : souvent, vous avez du mal à situer les voix des convives, à identifier un fromage familier ou à différencier un vin blanc d'un rouge !

Pourquoi une telle perte de repères ? Parce que plus de 80 % de vos perceptions courantes sont contrôlées par votre vue, qui vous fait soudain cruellement défaut. Elle constitue un agent de communication essentiel. Toutefois, cet outil est à même de vous transmettre des images très différentes, suivant votre état affectif du moment. Avant de prendre la parole, vos yeux vont peut-être vous faire découvrir sous l'effet du trac un public sérieux à l'extrême, pour ne pas dire carrément froid et sévère. L'imagination aidant, vous voyez là, devant vous, des individus maussades, assis raidement sur leur chaise, bref, prêts à vous « faire votre fête » ! Au point que vous vous voyez déjà bredouiller, perdre le fil de votre propos... et sortir sous les sifflets ! Effacez vite cette image négative et observez mieux l'assemblée. À la vérité, ce public n'a aucune raison de vous manifester une quelconque opposition. Il est à la fois retenu et vigilant, comme toujours avant une intervention. C'est maintenant pour vous le moment d'entrer en scène.

Les quelques conseils qui suivent devraient vous y aider.

Notre suggestion

➠ Vous devez apprendre à placer votre regard, de manière à retenir l'intérêt de l'auditoire sans l'incommoder. Pour cela, quelques attitudes sont à éviter absolument :

- Ne laissez pas vos yeux errer dans le vague, au-dessus de la tête des gens qui vous écoutent ; à l'inverse, ne fixez pas sans cesse la moquette.
- N'accrochez pas votre regard à celui de « ce » spectateur du troisième rang que votre insistance va mettre mal à l'aise.
- Ne privilégiez pas davantage les deux invités d'honneur installés devant vous, sous peine de communiquer aux autres un sentiment d'abandon.

➠ Pour capter l'attention du public, adoptez un regard volontiers « baladeur » ; arrêtez-le une fraction de seconde sur chaque visage, du plus éloigné au plus proche, de gauche à droite et *vice versa* et recommencez. Au fil de votre discours, au hasard des travées, chacun doit se sentir concerné et impliqué, comme lors d'une rencontre individuelle. Ce contact visuel, base même de l'échange, va conforter votre assurance. En offrant à votre auditoire un regard direct, vif, chaleureux, vous avez toutes les chances d'obtenir en retour des signes d'adhésion qui vous mettront très vite à l'aise.

➠ Cette vision circulaire, à la fois conviviale et personnalisée, équivaut à autant de poignées de main. Si vous êtes attentif, vous découvrirez que l'assemblée ne vous est nullement hostile. Regardez bien ces visages intéressés et approbateurs, ces sourires, ces yeux brillants... Autant de points d'appui qui ne peuvent que vous rassurer.

➠ Ne l'oubliez jamais : un regard bien posé constitue l'un des meilleurs remèdes contre le trac.

L'environnement

Un autre facteur de trac dépend souvent du lieu même où l'on doit s'exprimer. Autant vous êtes à l'aise et détendu dans votre appartement, où vous pourriez circuler sans risque les yeux fermés, autant lors d'une première invitation en territoire inconnu, même chez des amis, vous avez besoin d'un temps plus ou moins long d'observation, avant de vous adapter et de sortir de votre réserve.

Le phénomène est le même lorsqu'il s'agit de prendre la parole dans un cadre nouveau. Les artistes en tournée le savent bien : les répétitions avant le spectacle n'ont d'autre objet que leur permettre de se familiariser avec le lieu où ils se produiront le soir, et d'y trouver leurs marques, tant au plan technique que physique ou psychologique.

Des locaux... : chaque fois que vous le pouvez, ne manquez pas de vous rendre, la veille ou quelques heures avant, dans les bureaux, l'hôtel, la maison de la culture, l'école, la salle des fêtes où vous devez effectuer votre prestation. Il est évident que votre ton, votre attitude comme le contenu de vos propos, seront différents selon les lieux et le public en présence. Encore faut-il que vous vous familiarisiez avec l'environnement. Cela peut consister à rencontrer, s'il y a lieu, le technicien responsable, à vérifier avec lui le matériel à disposition et à en faire l'essai (micros, emplacement des haut-parleurs, éclairages). Cela signifie aussi pour vous d'appréhender l'espace dans lequel vous évoluerez, de circuler dans la salle pour apprécier son acoustique, de vous y asseoir pour vous mettre véritablement à la place du spectateur... Vérifications qui mettront toutes les chances de votre côté pour arriver détendu à l'heure de votre intervention.

... et des hommes : l'aspect humain n'est pas moins important. Qui sont vos auditeurs (proportion d'hommes et de femmes, âge moyen) ? Quel est leur profil (culturel, professionnel, sociologique) ? Quel est leur nombre (50, 100, 200 ou plus) ? Ces renseignements vous sont évidemment nécessaires pour élaborer votre exposé, tant en ce qui concerne la forme que le fond. Ils vous permettront d'élaborer une stratégie pour capter d'emblée l'attention de votre auditoire. Au risque d'être déçu, apprenez qu'un public ne retient généralement que 10 % des propos de l'orateur. Vous devez donc tenir compte de cette énorme déperdition d'information. Comment, néanmoins, faire passer l'essentiel de votre message ? En prononçant des phrases courtes, ponctuées de mots percutants, facilement mémorisables. Cette sobriété vous évitera en outre de vous embarquer dans des spirales verbeuses incertaines, génératrices de trac !

Les facéties du trac

➢ Le trac, ce petit malin, ne se contente pas de taquiner ses victimes en jouant avec elles sur le registre des peurs. Il sait également s'immiscer dans le langage et y infiltrer des tics ! Les multiples « quoi », « ben », « bon », « hein » et autres « euh » qui émaillent les discours n'ont souvent pas d'autre origine que le trac. Il n'hésite pas non plus à nous imposer des expressions plus ou moins heureuses, qui viennent régulièrement ponctuer nos phrases. Ce sont les « je veux dire », « comment vous dire », ou encore les « bien entendu », « c'est clair », « absolument » et « tout à fait », très à la mode en ce moment. Non content de provoquer des trous de mémoire, il nous incite à les combler par ces disgracieuses béquilles verbales !

➢ Si vous êtes contaminé, comment éliminer ces parasites langagiers ? Il suffit de les remplacer par des silences, que vous pouvez poser comme autant de virgules lors de vos interventions. Profitez-en pour respirer !

➢ Le trac peut aussi vous rendre agressif et vous inciter à l'ironie facile ou à l'insolence. Attention, celles-ci ne sont généralement guère appréciées de ceux qui en sont les victimes. Alors, retenez les petits mots corrosifs sur le bout de votre langue, même si vous mourez d'envie de les proférer.

Notre suggestion

➠ Une façon astucieuse de neutraliser votre trac est d'approcher votre auditoire avant la conférence. Lors de l'apéritif qui précède un dîner-débat, par exemple, vous vous présenterez, vous serrerez des mains et échangerez quelques mots ici et là, dans la bonne humeur. Vous constaterez alors que les gens sont généralement charmants, ouverts, gais pour la plupart, et curieux de vous entendre. Vous vérifierez ainsi que ce qu'on appelle un groupe, ce monstre à têtes multiples que beaucoup redoutent, est composé d'individus le plus souvent calmes et totalement inoffensifs. Lorsque vous prendrez la parole, vous reconnaîtrez certains des visages qui vous feront face, ce qui renforcera votre confiance en vous.
➠ Dans le même ordre d'idées, si vous sentez votre public tendu au tout début de votre exposé, commencez par remercier les organisateurs de la soirée et demandez pour eux une salve d'applaudissements bien nourris. Vous libérerez immédiatement l'assistance… et vous avec !
➠ Sachez-le, le trac aura beaucoup plus de prise sur vous si vous êtes en position de retrait que si vous allez au-devant des autres. « Parler, c'est marcher devant soi », dit Raymond Queneau.

2. Bouger

a) Le geste et la parole

Nous venons d'explorer les six premiers outils fondamentaux de l'expression orale. Abordons maintenant le septième d'entre eux, qui concerne l'expression corporelle : la gestuelle. Nous voulons désigner sous ce vocable la façon de se mouvoir lors de la prise de parole en public, qui joue aussi un rôle capital dans la gestion du trac.

Le geste est, en quelque sorte, le langage silencieux qui assiste la parole. On voit encore trop de conférenciers gênés, plantés sans un mouvement devant leur auditoire, comme des soldats de plomb. Ce faisant, ils se privent à la fois de l'aisance physique qui viendrait à coup sûr faciliter leur prestation, et d'un subtil agent de communication. Ils occultent ainsi totalement les messages non verbaux qui accompagnent normalement tout discours.

Des sourcils qui se froncent, des narines qui se pincent, un menton volontaire, un doigt pointé peuvent indiquer, par exemple, la réprobation, la colère, la sincérité, voire la détermination. Un regard pétillant de malice, des bras largement ouverts, une posture assurée montrent, eux, la joie, la générosité, la maîtrise de soi… À l'évidence, le geste occupe l'espace pour harmoniser l'engagement verbal et corporel du locuteur. Il souligne et valorise son propos.

Quand nous parlons en public, nous donnons à voir et à décoder des attitudes. Si, comme l'exprime le jargon cinématographique, nos paroles et nos gestes sont synchrones, nous mobilisons d'abord l'œil et l'oreille de l'auditeur. Ensuite, si ce que nous racontons est intéressant, nous avons une chance d'être écoutés, compris, et – suprême récompense – approuvés ! Mais si nos gestes sont perçus comme inappropriés, la teneur du message se perd, nous sommes exposés à la moquerie et le trouble conséquent vient *activer notre trac !*

b) Les gestes « traquants »

Comme il sait nous affliger de tics de langage, le trac peut aussi très bien nous gratifier de mimiques et maniérismes en tout genre, qui échappent sans doute à notre contrôle, mais nullement à l'observation des témoins, lorsque nous nous exprimons en public.

Ce chef des ventes vit mal sa calvitie : en commentant les résultats hebdomadaires devant ses représentants amusés, il lisse sans arrêt d'un revers de main agitée ses cheveux disparus.

Ce client, dont le compte accuse un découvert, est trahi par ses gestes : devant le sévère guichetier de la banque, il ne peut s'empêcher de chausser et déchausser nerveusement ses lunettes.

Ce guide, au musée du Louvre, resserre continuellement son nœud de cravate et tripote fébrilement ses boutons de manchettes en dévidant son texte, devant la Joconde *et cinquante Japonais impassibles.*

Quant à cet exposé sur la conquête de l'Ouest, illustré de remarquables diapositives, il serait à vrai dire passionnant, si le longiligne conférencier ne pliait pas les genoux toutes les trente secondes, se redressant aussitôt en tirant nerveusement sur le bas de son veston. Les deux cents spectateurs, très vite pris de mimétisme, redressent leur buste, puis s'affaissent au rythme de l'orateur, comme des cavaliers sur leurs montures dans les plaines américaines !

Pouvons-nous empêcher, lors d'une prise de parole, que nos gestes prennent leur indépendance ? Oui, si nous le décidons. Il importe tout d'abord que nos mains se consacrent uniquement à souligner notre discours, et non à tordre quelque trombone ou à dévisser nerveusement un stylo ! Lorsqu'elles sont disciplinées, il est ensuite plus facile de contrôler le reste du corps.

Cette maîtrise corporelle est essentielle, car la répétition continuelle d'un geste «parasite» nuit à la qualité de l'écoute. Le public, vite distrait, centre son attention sur les transformations du trombone ou sur la fuite attendue du stylo, en oubliant le sujet traité !

c) Les bonnes postures

Devant un groupe important, il est toujours préférable de parler debout plutôt qu'assis. Vous aurez d'avantage d'aisance dans vos mouvements et manifesterez une assurance accrue, puisque vous respirerez mieux ; vos propos en seront plus percutants.

Quelles attitudes adopter pour bénéficier du maximum d'impact gestuel ? Celles qui, précisément, permettent une bonne complémentarité des expressions orale et corporelle, et empêchent l'irruption du trac. À savoir :

- Les jambes bien campées sur le sol et les genoux souples, pour faire de temps en temps basculer discrètement le poids du corps d'un pied sur l'autre.
- Le buste droit, sans raideur.
- La nuque dégagée (pas de tête rentrée dans les épaules).
- Le visage mobile et souriant (n'oubliez pas votre regard «baladeur»).
- Les bras souples, légèrement décollés du corps.

➻ Les mains flottantes, un peu comme celles d'un mime, promptes à souligner vos paroles (pas de crispation sur votre feuille de papier, si vous utilisez des notes).

En revanche, vous éviterez impérativement de fumer pour vous donner une contenance ou, si vous êtes un homme, de mettre les mains dans vos poches. Ces deux *attitudes de défense* peuvent être interprétées à tort comme des signes de désinvolture. D'ailleurs, la cigarette n'éloigne pas le trac, et les poches, si profondes soient-elles, n'ont jamais empêché les mains de trembler !

Comment contrôler votre gestuelle ? En vous préparant, à l'aide d'accessoires très courants : de la même manière que le magnétophone vous permet de repérer et d'éliminer vos défauts de langage, votre miroir vous renseigne sur certains mouvements inadéquats. Vous en aurez confirmation grâce à la vidéo, facile à utiliser aujourd'hui grâce au Caméscope familial. Bien entendu, il n'existe pas de liste type des gestes antitrac. Vous découvrirez petit à petit ceux qui vous conviennent, en fonction de votre physique et de votre personnalité.

Dans un premier temps, gardez-vous d'adopter des attitudes de bravache : vous n'êtes ni un lutteur de foire (ne bombez pas le torse), ni un shérif prêt à dégainer (pas de mains sur les hanches), pas plus que Superman (ne déployez pas les bras comme si vous alliez vous envoler). Les bonnes postures sont celles qui s'inspirent du juste milieu. Ne soyez ni figé ni extravagant. Soyez naturel, c'est-à-dire vous-même, et affirmez une réelle volonté d'établir une relation avec votre auditoire. C'est ainsi que vous apprendrez à joindre spontanément… le geste à la parole.

Tout pour la galerie ?

➢ La révolution audiovisuelle a créé, en même temps qu'un monde foisonnant d'images et de modèles, ce que l'on a appelé la «société du regard». Notre œil est désormais très exercé à l'observation de nos congénères qui, en retour, ne se privent pas de nous détailler et, pensons-nous, de nous juger. Les «années frime» sont paraît-il derrière nous. Pourtant, nombreuses sont les actions que nous commettons en grande partie pour épater un entourage qui le plus souvent s'en moque, et non pour notre satisfaction personnelle.

➢ Nombreuses sont les femmes qui, au nom de la mode et de l'élégance, se contorsionnent douloureusement à longueur de journée sur des talons trop hauts. Quant aux hommes, combien sont-ils à transpirer sous leur «prothèse capillaire», à la poursuite d'une éternelle jeunesse? Ces artifices qui ne trompent personne, au lieu d'aider à évacuer un complexe, ne font que le renforcer. Une robe trop ajustée ou un nœud papillon qui coupent le souffle, un pantalon qui gêne la marche, des chaussures fines qui torturent les pieds, des petites lunettes qui rétrécissent le champ de vision constituent autant de sources d'inconfort, génératrices de trac!

➢ Nous ne prônons pas ici l'anticonformisme systématique. Mais ne vous maltraitez pas pour «faire joli» aux yeux des autres. L'important reste d'être bien dans votre peau... pour être bien dans votre tête, donc sûr de vous!

CHAPITRE III

Le trac en situations

Les occasions de ressentir le trac sont multiples, mais la plus courante est d'évidence la prise de parole en public. Il peut s'agir d'un court exposé en comité restreint, de la présentation d'un examen oral, d'une conférence, d'un tour de chant face à deux mille spectateurs ou d'un simple rendez-vous pour un entretien d'embauche.
Certains individus sont sujets à l'angoisse de la page blanche, qui constitue une forme de trac face à soi-même, en l'absence de tout interlocuteur. D'autres perdent tous leurs moyens à la simple idée de « causer dans le poste » lors d'une émission radiophonique ou télévisée. Vous êtes de ceux-là ? Rassurez-vous, il vous est possible de garder votre contrôle, ou de le retrouver, dans toutes ces circonstances.

1. Devant un public

a) Possédez votre sujet

Toute prise de parole devant un groupe implique, bien entendu, d'avoir une idée de ce que l'on va dire, mais aussi de savoir comment on va l'exprimer, pour intéresser son auditoire et éventuellement le convaincre. D'où la nécessité d'une préparation.

Classiquement, une intervention en public peut prendre une des trois formes suivantes : la lecture, le « par cœur » ou l'improvisation. Chacune d'entre elles possède ses avantages comme ses inconvénients, et peut « produire du trac » si elle est mal maîtrisée. Examinons leurs mécanismes respectifs.

La lecture

À première vue, c'est la manière la plus facile et la moins « stressante » de présenter un exposé.

Détrompons-nous !

Ce chef de service a réuni autour de lui ses trente collaborateurs à l'occasion de l'Épiphanie. Une sympathique occasion de se retrouver et de déguster ensemble la traditionnelle galette. Notre homme, vraisemblablement dans un but pédagogique, a pensé qu'il serait intéressant de lire auparavant quelques extraits de l'histoire des Rois mages.

Sans lever une seconde la tête, il débite d'une voix monocorde un texte qui perd rapidement tout intérêt. Il en prend vite conscience et accélère sa lecture jusqu'à rendre ses paroles incompréhensibles. Indifférents à Gaspar, Melchior et Balthazar, les invités commencent à s'agiter, tousser, chuchoter et lorgner vers la galette. Un téméraire du deuxième rang entreprend alors de déboucher discrètement une bouteille de champagne.

Le bouchon saute à grand fracas, touche le plafond, et retombe dans l'assemblée, déclenchant un éclat de rire général et libérateur. Beau joueur, le chef de service replie son texte et invite tout le monde à trinquer… l'air un peu coincé !

Qu'aurait donc dû faire ce brave homme pour obtenir la bonne ambiance souhaitée et ne pas se troubler ? Tout d'abord, préparer son intervention ; il a en quelque sorte découvert le texte en même temps que ses collaborateurs. Ensuite, il aurait pu ponctuer sa lecture de regards et de commentaires amusants, voire de quelques plaisanteries à l'adresse de son auditoire, pour conserver à la réunion son caractère convivial.

En ne prenant pas la précaution de la contrôler, il a vu l'assistance se désintéresser très vite du sujet abordé. Attention donc à la lecture ! Pour ne pas perdre à la fois la maîtrise de votre auditoire et tous vos moyens, ne soyez pas prisonnier de votre texte. Et veillez à ce qu'il ne soit ni trop long ni ennuyeux !

Le « par cœur »

Rappelons-nous les fables de La Fontaine et les tables de multiplication que nous récitions à l'école. Si nous mettions de l'ardeur à les « chanter », à défaut de conviction, c'était bien pour nous en débarrasser au plus vite ! Mais qu'en est-il aujourd'hui, quand nous apprenons un texte pour le réciter « tout de go » à une assemblée ?

Observons ce directeur des ventes d'une nouvelle marque de téléviseurs. Depuis un mois, il fait le tour des directions régionales de sa société et répète chaque jour aux vendeurs le même discours, sur un ton pressé. Sa prestation est devenue un refrain rabâché, qu'il conclut par une injonction sans appel : « Puisque nous sommes les seuls sur le marché à proposer les téléviseurs Turbovision *avec images en relief, vous devez vendre au moins vingt postes à chaque concessionnaire ! C'est mathématique ! » Face à ce discours, les vendeurs ne tentent même pas de discuter, tant l'argumentaire est structuré, logique, incontestable. D'ailleurs, le directeur, que son monologue rend très distant, ne leur permet aucune remarque. Très sceptiques, ils l'écoutent terminer sa leçon, puis repartent sur le terrain, le moral au plus bas. Ce désarroi se traduit rapidement par une non-atteinte des objectifs, puis par une baisse significative du chiffre d'affaires.*

Jusqu'au jour où un vendeur ironique réussit à l'interrompre… pour lui dire que les Turbovision *sont peut-être les seuls du genre sur le marché, mais aussi les seuls dont les modèles en démonstration implosent chez les revendeurs ! Le responsable, stoppé en plein vol, est totalement décontenancé, et perd tout à coup sa superbe. Il ne peut plus poursuivre son exposé, devenu irréaliste, et n'a pas d'objections à opposer à son représentant… ni de solution immédiate à lui proposer ! En sueur, il choisit la fuite…*

Nous le constatons, le « par cœur » est particulièrement mal adapté au monde de la vente, tout en échanges. Si ce directeur avait instauré un dialogue avec les représentants dès le début de sa tournée, il aurait découvert ce fléchissement des ventes beaucoup plus tôt. Soyons donc très prudent avec le « par cœur ». Cette formule peut être rassurante, sauf si un grain de sable s'introduit dans le mécanisme. En outre, elle empêche toute spontanéité, et si le récitant n'a pas quelque talent d'interprétation – à l'image d'un comédien ou d'un avocat –, il peut apparaître sans âme et sans grand intérêt pour ses interlocuteurs. De plus, la technique ne met pas à l'abri du trou de mémoire et du trac qui en résulte. Il est très difficile alors de retrouver le fil de son discours, difficulté qui n'échappe pas aux auditeurs !

L'improvisation

Qu'entendons-nous par ce mot ? Au plan de l'expression orale, *improviser* ne signifie pas dire et faire n'importe quoi devant un public, comme ça nous chante ! Il s'agit au contraire de recenser des idées *avant* de prendre la parole, et de les planifier afin de disposer d'un matériel verbal disponible, utilisable ensuite à discrétion, au fil du discours. Dans ce cas, celui-ci ne donne pas du tout l'impression d'être appris par cœur et récité.

Cette technique efficace, qui relève d'une préparation minutieuse, présente pour celui qui parle le grand avantage de ne jamais être pris de court pendant sa prestation. De toute évidence, elle laisse au trac peu de chances de surgir.

Cet animateur commercial est convoqué par le directeur d'un supermarché qui veut évaluer ses capacités avant de lui confier l'animation de sa quinzaine des vins et des fromages. Quelques jours avant le rendez-vous, notre candidat tient à se rendre sur les lieux pour saisir l'ambiance du site, observer la clientèle et se familiariser avec l'espace où il devra évoluer, à savoir le rayon alimentaire. Revenu chez lui, il note les renseignements recueillis sur place (emplacements, qualités, prix, etc.) et après s'être remémoré les principaux crus et variétés de fromages français, il remplit des petites fiches (au format de poche) qui lui serviront éventuellement de pense-bêtes. Parallèlement, il fait provision d'anecdotes, de citations, de bons mots et autres calembours portant sur l'univers vinicole et fromager.

Il est maintenant fin prêt pour rencontrer le directeur de la grande surface et son équipe. Le jour venu, notre animateur se présente confiant et en pleine possession de ses moyens. Ses interlocuteurs constatent avec plaisir qu'ils ont affaire à un professionnel qui sait répondre aux questions et a le sens de l'humour, ce qui agrémente l'entretien. Le contrat signé, ils l'invitent à goûter avec eux le beaujolais nouveau !

Pourquoi ce candidat est-il retenu ? Parce qu'il connaît très bien son sujet, et donc se trouve à l'aise, ce qui permet à tout le monde d'aller plus vite à l'essentiel. L'employeur se rend parfaitement compte que cet animateur – qui sait de quoi il parle – va mettre la clientèle en confiance et en « disposition d'achat ». Être préparé à faire face aux situations grâce à un travail en amont, voilà ce qu'est la véritable improvisation. (À ne pas confondre avec l'inspiration, dont il est bon de posséder aussi quelques précieux grains, quand il s'agit – dans le secteur commercial – d'avoir, avec le sens de l'humour, celui de la repartie.)

Vous l'avez compris, l'improvisation bien appréhendée est, à nos yeux, le meilleur des procédés de communication verbale avec un groupe. Que demander de mieux ? À partir d'un canevas préétabli par vos soins, vous conservez au cours de votre intervention la liberté de regard, de ton, de propos, comme celle de consulter vos notes. De ce fait, l'improvisation ne constitue-t-elle pas un remarquable rempart contre toute velléité d'invasion du trac ?

b) Faites-vous entendre

Se faire entendre, c'est la moindre des choses quand on prend la parole en public ! Encore faut-il, à cet effet, *contrôler sa voix.* Nous vous avons conseillé plus haut de respirer amplement pour « décramponner le trac » éventuellement agrippé à votre glotte, et de parler d'emblée d'une *voix forte.* Cela ne signifie pas forcer votre voix et encore moins vous égosiller. Si, comme disent les comédiens, vous « parlez dans le masque », avec une voix bien dirigée et bien timbrée, vous serez entendu aussi bien des spectateurs assis au fond de la salle que de ceux du premier rang. Cela ne vous dispense pas pour autant de régler le volume de votre voix, à la manière d'un poste de radio, quand vous recherchez une harmonie de sons graves et aigus.

La plupart des grandes salles sont désormais équipées d'une sonorisation. Vous l'avez remarqué, la tendance des conférenciers est souvent de parler trop fort devant le micro. Celui-ci étant un porte-voix, il convient de parler normalement, quelquefois même en baissant le ton, étant donné la puissance des amplificateurs modernes. Pour en vérifier la sensibilité, un essai de voix préalable est donc toujours recommandé.

Lorsque votre intervention n'exige pas que vous vous présentiez au public derrière une table ou un pupitre, préférez un micro baladeur, permettant de faire quelques pas, à un micro sur pied collé à vos lèvres, qui vous fige au milieu de la scène. Il est vrai que, aujourd'hui, les micros sans fil (« HF » ou « cravate »), en évitant d'avoir l'air de tenir un cornet de glace, offrent une totale liberté de mouvement ; ce sont, eux aussi, parce qu'ils se laissent oublier, de discrets auxiliaires antitrac.

Enfin, n'hésitez pas à demander si l'on vous entend au fond de la salle. Cette prise de contact est ressentie comme une marque de courtoisie et constitue un premier échange complice. Les mouvements de tête approbateurs, reçus après un éventuel réglage du son, sont autant de signaux qui vous donneront confiance en vous.

c) *Faites-vous comprendre*

Capter votre public est une chose, le captiver en est une autre. Pour cela, il faut bien établir la différence entre une *information,* qui rapporte froidement un fait, et un *message,* qui véhicule avec son contenu l'émotion du locuteur. À cet égard, le trac, par la légère tension qu'il apporte, contribue à « donner de l'âme » au sujet traité. Ainsi, vous passerez mieux la rampe et atteindrez votre public si votre message est à la fois *chaud, limpide, accessible* et *contrôlé.*

Gardez votre accent !

Votre terre natale est l'Aquitaine, la Bretagne, l'Île-de-France, la Corse ? Vous êtes belge, canadien, suisse ? Vous roulez les « r » parce que vous venez d'Italie ou d'Espagne ? Vous avez donc un accent qui signale votre origine. Tant mieux ! S'il n'est pas marqué au point de nuire à la compréhension dans le pays où vous vivez, surtout gardez-le !

Il n'y a heureusement ni norme ni modèle en matière d'accent. Pourtant, beaucoup de gens se sentent ridicules du fait de leur prononciation chantante ou faubourienne, et s'appliquent à la standardiser. Ils se privent ainsi d'un charme certain ; de plus, ils courent le risque de se trouver confrontés à des situations gênantes, car ils trahissent fatalement, un jour ou l'autre, leurs véritables origines. Pour cette raison, ils perdent souvent toute spontanéité.

Avec ou sans accent, prenez simplement soin de ne pas parler trop vite. Un débit trop rapide fait trébucher sur les mots et donne le trac, parce que l'on est pressé d'en finir alors même que l'on vient de commencer.

Notre suggestion

➠ La précipitation fait avaler les sons. Veillez donc à ne pas laisser tomber la fin de vos phrases. Les derniers mots de chaque séquence, portés par votre souffle, doivent avoir la vigueur des premiers. Une articulation à la bonne cadence – cent cinquante mots à la minute environ –, même avec un léger parfum du Sud-Ouest ou de Normandie, vous permet d'être bien compris et préserve votre calme intérieur.

Pas de langue de bois !

Les hommes politiques nous gratifient encore trop souvent d'un langage hermétique que, soyons francs, nous n'apprécions guère. En règle générale, un auditoire n'aime pas les expressions très techniques et les termes compliqués. Certains orateurs persistent pourtant à utiliser la langue de bois, à la fois pour se valoriser et pour se protéger. Ils se trompent sur les deux points, car leurs développements fumeux, loin d'être percutants, crispent l'assistance. De ce fait, ils suscitent souvent, à la fin de leur exposé, des questions agressives et embarrassantes. Tant pis pour eux !

Ne cachez donc pas votre émotion derrière le bouclier illusoire d'un vocabulaire savant. Non seulement votre message ne passera pas, mais vous donnerez de vous une image prétentieuse. Vous sentirez très vite alors la salle basculer du préjugé favorable au rejet pur et simple.

Un des moyens les plus sûrs de prêter le flanc au trac est aussi, sous prétexte que vous avez affaire à une assistance choisie, d'utiliser un langage inhabituellement recherché. Ne vous laissez pas prendre à ce piège et restez vous-même ; neuf fois sur dix, on voit l'intéressé se « planter » dans les imparfaits du subjonctif ! Préférez le parler-vrai, soyez direct, et résumez clairement vos propos quand vous voyez dans les regards de vos auditeurs que vous n'êtes pas parfaitement compris.

En deux mots, pour être apprécié et vous sentir bien devant votre public, faites simple !

Restez aux commandes !

S'adresser à un auditoire, ce n'est pas seulement établir une émission-réception, c'est aussi prendre en compte les éléments perturbants qui ne manquent pas de surgir pendant la prestation : chuchotements, toux, chaises traînées, sonneries de téléphone, entrées et sorties inopinées, vrombissement d'avions ou... discrets ronflements de dormeurs, autant de nuisances qui peuvent déstabiliser le locuteur.

Doit-il réagir à ces perturbations ? À l'évidence oui. Outre le fait qu'elles viennent déconcentrer celui qui s'exprime, elles dérangent l'auditoire tout entier et peuvent remettre en cause l'intérêt même de la manifestation. Les comédiens de théâtre en savent quelque chose, avec l'arrivée bruyante des retardataires, ou le froissement des papiers de bonbons pendant le spectacle ! Admirons à cet égard les artistes de cabaret, dont le sang-froid est essentiel au milieu de l'agitation des tables, du cliquetis des fourchettes et du brouhaha des conversations. Si un événement inattendu vient perturber votre intervention, restez maître du jeu, à l'image des gens du spectacle, grâce à trois partenaires internes qui ont pour noms : *calme*, *humour* et *technique verbale*.

Vous êtes en train de présenter devant une assemblée de parents d'élèves un exposé sur la sécurité en milieu scolaire, complété d'une projection de diapositives. Soudain, un retardataire se prend les pieds dans le fil électrique et c'est le noir complet, avec un grand « aaah ! » d'étonnement inquiet de l'assistance...

Première réaction possible : *votre estomac se noue soudain, vous avez la bouche sèche. Après un retentissant mot de Cambronne, vous apostrophez le maladroit, créant une gêne et une tension immédiates dans la salle.*

Seconde réaction possible : *plus efficacement, après le premier instant de surprise, vous minimisez l'incident en ironisant sur la nécessité de préserver également les parents des dangers en milieu* *scolaire, notamment ceux de l'électricité, ce qui détend aussitôt l'assistance (et vous avec). La lumière revenue, vous captez à nouveau l'attention en récapitulant tranquillement les propos tenus avant la coupure.*

La plaisanterie, à condition qu'elle soit opportune, peut parfaitement venir détendre l'atmosphère lors d'une intervention parlée, même si le sujet est fort sérieux. Avec les changements de ton et les reformulations, elle aide l'orateur à « tenir sa salle » ; il entretient ainsi un climat attentif et serein, propice le cas échéant à faire passer son message, quel qu'il soit.

Communiquez !

L'« assistance », autre appellation pour désigner un public donné, vient rarement « assister » un orateur sujet au trac ! Loin de se sentir aidé, il a plutôt l'impression d'être jugé, soumis à mille regards à l'affût de la moindre de ses défaillances. En effet, cette masse d'individus représente à ses yeux une force inquiétante, pour tout dire *une menace,* dès qu'il se présente seul devant elle. Il ne faut pas chercher ailleurs les raisons de la peur que l'on ressent en prenant la parole en société. Vus avec les lunettes noires du trac, l'exposé, l'allocution, la conférence, la réunion que l'on doit présenter ou animer s'apparentent à un affrontement avec un monstre « pluricéphale ». Or, si toute assemblée est indéniablement constituée d'un certain nombre de personnes, elle n'est en soi que l'addition de ces individus ; ils restent bien distincts les uns des autres, même si l'on parle des « membres » d'un groupe, comme s'il s'agissait des organes d'un être extraordinaire...

Quand vous assistez à un concert de Luciano Pavarotti au palais des Congrès de votre ville, bondé pour l'occasion, vous ne devenez pas une entité impersonnelle et interchangeable. Vous restez vous-même, autonome. C'est avec vos yeux, vos oreilles, votre sensibilité, que vous appréciez le célèbre maestro. Lorsqu'il descend dans la salle et vous serre la main parce que vous êtes assis au bord de l'allée, c'est bien vous qu'il regarde, c'est à vous qu'il sourit à cet instant et non à une foule impersonnelle. Vous êtes ainsi « reconnu », considéré en tant qu'individu, par le chanteur.

Cette reconnaissance, cette considération, n'est-ce pas ce que recherche, consciemment ou inconsciemment, chacun de nous, dans tout acte de communication ? D'où l'importance de votre regard, de votre sourire, de vos gestes – nous insistons sur ces trois paramètres – quand vous vous adressez au public.

Lorsque quelqu'un est gêné en intervenant devant une assemblée, il a d'abord tendance à se statufier, puis à fuir les regards. Il est tenté de fixer le plafond ou le tapis, voire de regarder « par en dessous », à la dérobée, comme si les yeux étrangers, en croisant les siens, risquaient de le transpercer ou, qui sait, de l'anéantir !

Nous sommes ici au cœur même du « processus traquant ». En effet, c'est cette *esquive gestuelle* qui devient, en l'occurrence, l'agent déclencheur du trac, avant même le public. Car le fait de ne pas regarder les autres quand nous leur adressons la parole nous laisse exposé à leurs propres yeux, qui cherchent les nôtres, puis à leur désintérêt. Autant un regard peut être accueillant, « aidant », bienveillant, lorsque s'établit une réciprocité, autant il peut devenir réprobateur, agressif, culpabilisant... si la politesse ne lui est pas rendue. En effet, le regard, beaucoup plus rapide que la parole, est un facteur primordial d'échange.

Notre suggestion

➠ Individualiser le contact, prendre en compte visuellement chaque auditeur, bref, parler à un seul en s'adressant à tous, voilà la botte secrète des professionnels de la communication. En «touchant des yeux» leurs interlocuteurs, non seulement ils les intéressent, mais ils trouvent dans leur regard, en retour, un appui et un supplément d'énergie.

Ne surestimez pas le public

➢ Une des causes classiques du trac est d'accorder au public que l'on a devant soi des connaissances ou des pouvoirs dont il ne dispose pas.

– Ce professeur de criminologie, d'habitude très à l'aise dans son université, se sent tout à coup fort intimidé à l'école de la gendarmerie, devant un parterre d'officiers en uniforme. Il a l'impression que son cours de morphopsychologie ne présente aucune surprise pour eux. Finalement, son trac s'évapore lorsqu'il les voit prendre des notes avec une application très scolaire, copiant même les uns sur les autres !

– À l'initiative de l'instituteur, une pharmacienne d'officine rurale fait un exposé sur les champignons aux élèves de l'école communale. Ordinairement sûre d'elle derrière son comptoir, elle se sent très gênée devant les écoliers. Elle est persuadée que tous connaissent par cœur – peut-être même mieux qu'elle – les variétés de champignons dont elle présente les planches. Son assurance lui revient quand elle constate les confusions qu'ils commettent (l'instituteur itou !) entre les espèces comestibles et vénéneuses.

– Lors d'une convention de voyants et de médiums, un informaticien présente aux congressistes un nouveau programme pour établir des thèmes astraux. Il est mort de trac car il se sent transparent devant cette assemblée d'extralucides qui le scrutent. Ne sont-ils pas en train de lire ses pensées les plus intimes ? Au moment des questions, notre ingénieur retrouve tout son aplomb en remarquant qu'après tout les devins n'ont rien deviné de son logiciel !

➢ Lors d'une intervention en public, s'il existe un pouvoir – dans ces exemples, celui d'enseigner –, c'est l'émetteur qui le détient et non le récepteur. Par définition, le second vient pour recevoir, dans un esprit d'ouverture. Cultivez ce même esprit, sans préjugés, lors de vos prestations orales.

➡ En utilisant cette méthode, vous instaurerez d'emblée une ambiance conviviale et – manœuvre capitale ! – vous pulvériserez mentalement cette inquiétante création fantasmatique qu'est la « masse », tout en « faisant un sort » à votre trac !

2. Face à un interlocuteur

a) Le pouvoir de l'autre

Nous venons de le constater : lorsque l'on paraît en public, le trac se dilue généralement dans l'expression orale et corporelle, c'est-à-dire dans l'action. Encore faut-il que cette dernière ait été *bien préparée* et soit ensuite *bien menée.* Tous les « hommes de parole » le savent bien. Le politicien élabore et mémorise petites phrases et formules percutantes pour les ressortir avec éclat quand sa salle est bien chauffée. L'avocat peaufine soigneusement sa plaidoirie pour distiller devant les jurés, à grands effets de manches, son argumentation. L'acteur de théâtre, le clown du cirque, comme le chanteur et ses musiciens, répètent longuement pour posséder leurs textes et leurs partitions, afin de donner à l'auditoire un bon spectacle.

Préparation et application sont les conditions préalables à la bonne réalisation du travail. L'évaluation par le public, toujours souverain, vient les sanctionner. Telle est la règle du jeu, obligatoirement respectée par tous les professionnels de la communication. De fait, ne sommes-nous pas soumis à cette même loi ? Ne dépendons-nous pas de l'appréciation, du bon vouloir d'autrui, au cours de nos relations quotidiennes ? Il suffit d'une personne – une seule – pour que soit troublée notre sérénité ; soudain, au hasard d'une rencontre ou d'une conversation, elle nous impose son point de vue, nous déstabilise, et nous nous laissons submerger par le trac.

C'est le guichetier de la gare, très en verve, qui sous prétexte de réductions, vous met devant un choix cornélien d'horaires, de correspondances, de tarifs, alors que vous demandez votre billet habituel... et vous fait rater votre train !

C'est l'agent de police qui entreprend, avec une visible délectation devant votre mine déconfite, un examen complet de votre voiture, du fonctionnement des phares au degré d'usure des pneus, parce que vous êtes passé au feu « presque rouge ».

C'est encore l'employée de La Poste *qui, après une demi-heure d'attente et la vérification soigneuse de vos papiers d'identité, refuse de vous donner une lettre recommandée, puisqu'elle est destinée à votre conjoint.*

Et que dire de la caissière du supermarché qui, votre billet de deux cents francs en main, bloque vos achats et les autres clients, pour vous demander vingt centimes que vous cherchez désespérément au fond de vos poches !

Ces scènes classiques, et ô combien courantes, témoignent du pouvoir social de l'autre, souvent générateur d'impatience, de colère contenue et de « trac ordinaire » chez la victime !

Notre suggestion

➠ Nous sommes liés les uns aux autres par le langage. La liste est infinie des gens qui, par leur fonction, volontairement ou non, à tort ou à raison, exercent un certain pouvoir par le fait même d'ouvrir la bouche. Ils jouent ainsi avec nos nerfs, parvenant souvent à nous déstabiliser. La bonne conduite à tenir lorsque vous êtes concerné ? Considérez l'incident à son juste niveau, n'en rajoutez pas si possible, enfin, respirez très fort pour passer l'obstacle et retrouver rapidement calme et sourire !

b) Les épreuves orales

Lorsque nous étions enfants, la première fois que le maître d'école nous a appelés au tableau, nous ne nous doutions pas que l'épreuve (qui bien souvent nous a laissés apeurés et sans voix devant toute la classe) était la première d'une longue série.

Pires, pour beaucoup d'entre nous, que les examens écrits (dont nous parlerons plus loin), les épreuves verbales sont toujours redoutées. Il est vrai que nous y sommes mal préparés. En effet, le système éducatif européen persiste à largement privilégier le remplissage des cahiers et autres copies, au détriment de l'expression orale. Quant à ce nouveau stylo qu'est l'ordinateur, s'il a su devenir indispensable, son écran reste tout de même un interlocuteur peu bavard, tant en milieu scolaire que professionnel.

Ainsi, combien d'élèves arrivent encore terrorisés devant l'examinateur, à l'oral du brevet ou du baccalauréat ? Combien de candidats sont véritablement malades à l'idée de passer le permis de conduire ou de se présenter à un entretien d'embauche ? Enfin, autre genre d'épreuve, combien d'amoureux se tourmentent avant leur premier rendez-vous… Autant d'événements, si différents soient-ils, qui constituent chacun à leur manière des « examens de passage » et marquent les étapes de notre parcours.

Les examens

Souvent, votre trac est davantage motivé par la personnalité de l'examinateur que par les questions susceptibles de vous être posées. Après un oral, il est d'ailleurs fréquent d'entendre les élèves évoquer les attitudes de leur interlocuteur, plutôt que les sujets abordés :

- Il ne m'a pas dit un mot sympa, même pas bonjour ! Il a attaqué immédiatement avec les questions !
- C'était un type aux yeux bleus qui souriait tout le temps ! Ça m'a glacée !
- Elle avait l'air dans la lune ! Elle ne m'a pas regardé une fois ! J'étais démoralisé !

Ces réactions montrent la méfiance ressentie par les postulants, qui prêtent généralement à l'examinateur les plus mauvaises intentions. Celui-ci est souvent imaginé, parfois longtemps à l'avance, comme un ennemi, voire un « tueur », qui veut faire échouer à toute force les candidats.

Remettez les choses à leur juste place et pensez que cet homme (ou cette femme) n'a rien contre votre personne ; il veut seulement que vous lui parliez, par exemple, de la politique industrielle du Japon ! Vous possédez bien le sujet ? Alors, appliquez-vous à répondre de votre mieux aux questions posées, en vous concentrant sur l'économie nippone et non sur les mouvements des sourcils devant vous. Si vous êtes très ému lors d'un examen oral, dites-le. Songez que l'examinateur s'est lui-même un jour trouvé à votre place. Il vous comprendra et vous invitera sans doute en quelques mots à vous détendre. Vous serez surpris de constater à quel point cet échange préliminaire vous apaisera.

Le permis de conduire

Comme le baccalauréat, premier viatique important, le permis de conduire dépasse largement, sur le plan symbolique, le cadre automobile. Lié dans l'inconscient collectif à l'âge du droit de vote, il constitue un autre droit du citoyen qui concerne précisément la « liberté personnelle de circuler », et implique l'accord des autres. D'où l'enjeu qu'il représente et l'importance que nous lui donnons. D'où aussi le doute de soi-même, la peur de ne pas savoir, la crainte de cet inspecteur dans la voiture qui, lui, sait tout ! Là encore, on le crédite de machiavélisme, le soupçonnant de « piéger » les candidats, de les pousser à la faute. Bien évidemment, tout cela vient alimenter le trac. Ainsi, le jour de l'examen, une redoutable mécanique est prête à se mettre en marche : lorsque le trac est intense, la peur de ne pas réussir peut carrément devenir une conviction (« c'est foutu ! ») qui se transforme en... conduite d'échec. Et pour le candidat « décidé » à rater son permis, il n'existe soudain plus d'enjeu, plus de doutes et, bien sûr, plus de trac !

Vous êtes vous-même sur les rangs ? attention à cet engrenage ! Vous avez aussi le droit d'échouer, un ratage n'est pas si grave. Vous vous représenterez ! Vous ne passez pas cet examen contre un fonctionnaire tout-puissant mais avec lui, qui est le témoin légal de votre compétence. Dans cette optique, *transformez votre trac en vigilance,* et vous obtiendrez votre feuille rose.

L'entretien d'embauche

Nous vivons malheureusement dans un système économique où beaucoup d'individus aspirent à une « situation assise » sans qu'il y ait assez de chaises pour tout le monde ! Il en résulte une société de compétition qui devient une machine à exclure. Comment, dans de telles conditions d'insécurité, ne pas être saisi par le trac, sinon par une compréhensible anxiété, dès lors que l'on recherche un emploi ?

Vous avez répondu à une annonce proposant un poste correspondant à vos qualifications et vous êtes convoqué à un entretien dans un cabinet de recrutement. Profitez de votre station dans la salle d'attente pour vous relaxer ; si vous êtes seul, vous pouvez très bien utiliser la position du « Cocher de fiacre ». Sinon, respirez calmement et profondément. Si vous apparaissez détendu, le recruteur se sentira également plus à l'aise, c'est-à-dire dans de bonnes dispositions d'écoute à votre égard.

Vous savez très bien que vous êtes en concurrence avec d'autres postulants. Alors, comment mieux retenir l'attention de la personne qui vous reçoit ? S'il n'y a pas de règles immuables en la matière – il est évident que vous devrez adapter votre attitude aux réactions de votre interlocuteur –, voici quelques conseils qui vous aideront à laisser une impression positive :

- Présentez-vous avec le sourire, C. V. en main (le recruteur a devant lui l'exemplaire que vous lui avez envoyé). Les séquences de ce document « médiateur » rythmeront l'entretien.
- Surtout ne fuyez pas le regard de votre vis-à-vis, mais au contraire, prenez-y franchement appui.
- Soyez calme ; le trac peut provoquer un débit pénible de paroles hachées, ou au contraire un flot verbal désordonné, souvent destiné à combler les silences. Dans les deux cas, votre interlocuteur sera aussi gêné que vous.
- Enfin n'enjolivez pas votre carrière passée. Ne dites pas que vous étiez chef magasinier si vous étiez simple commis aux emballages : d'une part, c'est facile à vérifier, d'autre part, le mensonge crée vite une tension visible dommageable… et attise le trac.

Le rendez-vous amoureux

Parmi les « face-à-face » impliquant un enjeu, la rencontre de l'âme sœur est une des premières sources de trac. C'est l'homme, dit-on, qui est le plus souvent troublé, quelquefois à la seule pensée du rendez-vous à venir. Avec ce que cela entraîne de doutes et de fébrilité, l'objet de sa flamme revêt alors tout le mystère de l'« éternel féminin ».

Le trac amoureux est de fait bien sympathique, puisqu'il est synonyme d'un bonheur annoncé. S'il peut révéler quelque manque de confiance en soi (« Que va-t-elle penser de moi ? » « Est-ce que je vais lui plaire ? »), il indique aussi une touchante marque de sollicitude et de respect pour la personne considérée.

Au cours d'un dîner dans un club de loisirs, vous avez fait la connaissance d'une charmante jeune femme. Le coup de foudre ! Elle a accepté de vous retrouver dans un café, le samedi après-midi suivant. Toute la semaine, de multiples scénarios vous traversent l'esprit, du plus sage au plus audacieux ! Deux jours avant le rendez-vous, vous ressentez quelques palpitations, et se posent à vous une foule de questions. Comment m'habiller… costume, blazer, blouson ? De quoi allons-nous parler… travail, politique, spectacles ? Que vais-je lui suggérer… promenade, cinéma, dîner ?

Le jour venu, vous choisissez un strict costume cravate et vous vous présentez au café, un peu tendu, avec une bonne demi-heure d'avance. Vous voyez enfin arriver votre nouvelle et souriante amie… en survêtement, avec une raquette sous le bras, pour faire avec vous la partie de tennis convenue. Sous le coup de l'émotion, vous l'aviez oubliée ! Vous vous regardez, surpris de vos tenues respectives, et votre trac s'évapore dans un double éclat de rire !

C'est un inconvénient du trac, surtout quand il est amoureux : il chahute l'attention et la mémoire. Ne dit-on pas des tourtereaux qu'ils sont dans la lune ? Nous ne vous conseillons toutefois pas de cultiver cette « douce souffrance » au point de tout oublier. Prenez plutôt des notes sur votre agenda !

L'être et le « pare-être »

➢ C'est ainsi : nous n'obtenons une relative autonomie qu'au prix des véritables droits de passage que représentent ces « examens de compétence » auxquels nous nous soumettons. De leur réussite dépend notre intégration dans le système social. Il s'agit donc, pour chacun de nous, de montrer à celui qui est en position d'examinateur (le professeur, l'inspecteur, le recruteur… ou la « moitié d'orange » espérée), à la fois notre physique, notre mental, notre savoir-faire comme notre savoir être, cet ensemble qui constitue précisément notre image. Autrement dit, nous devons nous découvrir et nous exposer au regard de nos semblables, pour qu'ils construisent leur opinion sur nous.

➢ Vivre, c'est prendre sans cesse le risque de plaire ou de décevoir, d'être accepté ou rejeté, au fil de nos rencontres. Dans ce monde, où il faut faire ses preuves en permanence, il n'est pas étonnant que nous ayons le trac et cherchions à nous préserver. Celui-ci s'habille couleur de muraille pour attirer le moins possible l'attention. Résultat : il s'expose à ne pas être reconnu (au double sens du terme), et en souffre dans sa solitude frileuse. Celle-là a choisi l'excentricité, avec cheveux verts et lunettes roses. Conséquence : elle est vue mais non regardée pour ce qu'elle est, et s'étonne d'être jugée superficielle. Cet autre, enfin, calque sa personnalité sur celle d'une vedette télévisuelle, lui empruntant moustache, accessoires et jeux de mots. Bilan de ses efforts : son identité comme sa communication sont brouillées, ce qui l'isole, l'agace et le rend agressif.

➢ Vous avancez vous-même masqué ? Il n'y a que le premier pas qui coûte : osez être vous-même, avec votre caractère et vos goûts personnels. Laissez tomber ce bouclier qui vous met en état de guerre, continuellement sur la défensive, et qui vous rend vulnérable au trac. Vous serez bien plus à l'aise dans vos baskets !

3. Face à soi-même

a) Les épreuves écrites

Si le face-à-face avec un interlocuteur peut déstabiliser lors d'une épreuve orale, se retrouver seul(e) devant une feuille blanche n'est pas plus rassurant pour beaucoup d'entre nous, que nous soyons en situation d'examen, de concours, lors de la rédaction d'un livre, d'un rapport ou d'une simple lettre. Comment gérer au mieux, ce qu'il faut bien appeler, au-delà de la tâche à accomplir, cette rencontre avec soi-même, quand le papier devient miroir ?

Concentrez-vous sur le sujet

Du certificat d'études aux concours d'entrée dans la fonction publique, l'ambiance des épreuves « sur table » est toujours la même. Rappelez-vous :

Assis à votre place numérotée, au milieu d'une centaine de candidats installés à des tables bien espacées, vous avez à peine entendu la liste d'interdits, sévèrement énoncée (défense de parler, d'ouvrir sa serviette, de consulter un document, de se lever...), que le sujet de physique est déjà sous vos yeux inquiets. Et l'épreuve commence, dans un silence rythmé par le va-et-vient lancinant de surveillants au regard inquisiteur ! Vous vous sentez plus seul que jamais, comme retiré du monde... et vous avez tout oublié du principe d'Archimède !

Comment éviter, lors de votre prochain examen, de connaître ce « trou » qui, au mieux, vous fera perdre de précieuses minutes et, au pire, vous contraindra à rendre copie blanche ? Ne vous laissez pas couler d'avance et procédez de la manière suivante :

- Respirez profondément plusieurs fois de suite et décidez de ne pas paniquer.
- Disposez montre, stylos, crayons devant vous et oubliez l'environnement.

- Lisez plusieurs fois l'énoncé, en soulignant les passages importants.
- Écrivez immédiatement au brouillon les idées qui vous viennent.
- Dressez le plan de votre développement à partir de ces notes.
- Ne vous bloquez pas sur l'introduction (vous l'écrirez à la fin).
- Imposez-vous une limite pour chaque séquence, en fonction du temps imparti.

Ô temps suspends ton vol !

➢ Le temps, qui passe toujours trop vite lors d'un examen et que l'on voudrait arrêter, est un grand fauteur de trac ! Ne vous persuadez pas d'entrée que le temps accordé est trop court. Si vous disposez d'une heure et demie pour traiter votre sujet, c'est que cette durée a été expérimentée et jugée suffisante. Vous devez donc articuler votre travail dans ce laps de temps, que vous aurez au départ bien découpé. C'est le respect de cette structuration qui vous donnera la sérénité nécessaire. Un examen n'est pas une course contre la montre.

La rédaction d'un texte

L'écriture d'un exposé détaillé, d'un important rapport ou d'un livre de deux cents pages n'est à même de donner le trac à son auteur qu'en cas de mauvaise préparation.

Si l'auteur possède bien son sujet, sait ce qu'il veut dire, collecte et trie soigneusement l'information, puis s'impose un temps de rédaction bien échelonné pour livrer dans les délais le travail exigé, il n'y a aucune raison pour qu'une angoisse particulière le taraude. C'est la *précipitation,* donc l'*inorganisation* qui, en l'occurrence, pourrait lui donner des sueurs froides.

Dans un autre esprit, l'écriture d'une courte missive – carte postale, mot d'amour ou lettre de réclamation à un fournisseur – peut tenir du casse-tête chinois si elle est mal appréhendée.

Scène de la vie quotidienne :

Un magasin vient de vous livrer une banquette-lit non conforme à votre commande. Le matelas est tellement mou qu'en vous y asseyant, vous disparaissez au milieu ! Furieux, vous téléphonez au commerçant qui refuse tout échange sous prétexte que vous avez accepté la livraison. Au comble de la colère, vous lui raccrochez au nez et décidez de lui adresser une lettre recommandée. Vous vous retrouvez devant une feuille blanche, ne sachant pas comment commencer. Brouillons, ratures, jurons, les feuilles de votre bloc se succèdent et passent à la corbeille. Finalement, tremblant d'énervement, vous recopiez au propre un texte vengeur, qui, il faut bien le dire, ne vous plaît qu'à moitié. Vous signez rageusement, et une superbe tache d'encre vient couronner votre paraphe…

Au lieu de sombrer dans la désespérance, il est ici possible d'imaginer un autre scénario. Ce commerçant est de mauvaise foi ? Votre idée de lui écrire est judicieuse, si toutefois vous voulez bien considérer l'événement avec calme et pondération :

- Récapitulez les circonstances de l'« affaire » au brouillon.
- Consultez éventuellement la Direction de la concurrence au sujet de vos droits.
- Établissez une lettre résumant les faits et réclamant le produit commandé.
- Enfin, remballez soigneusement la banquette « litigieuse », en attendant la réponse du fournisseur.

Frime et sentiment

S'il nous met en « retrait », le trac peut aussi nous faire aller trop loin. Verbalement le plus souvent, certes, mais aussi sur le papier. Les vantardises, les menaces (du genre « Je connais un commissaire de police... »), voire les injures, prennent alors une importance accrue et peuvent par la suite nous mettre en difficulté, parce que l'écrit demeure. La rédaction *objective* d'un texte permet à la fois de traiter pleinement son sujet, sans s'en écarter, et de faire immédiatement tomber toute tension superflue chez le scripteur. Évitez donc absolument la confusion des genres. Ne vous laissez jamais emporter par vos sentiments, sauf, bien entendu, dans vos lettres sentimentales !

b) L'inattendu

Nous sommes des êtres d'habitude, à la vie rythmée par la pendule, les repas, le jour, la nuit et les saisons. Quelle que soit la manière dont nous occupons notre temps, c'est toujours à l'intérieur d'un cadre donné, répétitif; nous nous appuyons plus ou moins sur des rituels bien rodés, finalement sécurisants.

Dans tous les domaines, nous essayons de prévoir ce qui va survenir, avec ce regard d'avance qui réduit au maximum la part d'incertitude et d'inconnu, génératrice d'angoisse existentielle. En effet, nous le savons, l'organisation et l'action programmée diminuent la peur.

Certes, avant de commencer une œuvre, le romancier face à son écran vide d'ordinateur, le peintre devant sa toile immaculée, le sculpteur penché sur sa pierre brute, le compositeur assis au piano attendent l'« étincelle magique ». Celle-ci va surgir, fulgurante ou à l'issue de longs tâtonnements, puis prendre une forme, une existence propre ; elle deviendra alors projet et s'installera, familière et routinière, dans l'univers du créateur, jusqu'à l'achèvement de l'œuvre, gommant ainsi son trac initial.

Gérer l'imprévisible

Il est pourtant des situations de la vie courante où nous ne pouvons pas prévoir l'imprévisible, où nous sommes seul et désarmé – du moins le croyons-nous d'abord – devant l'événement soudain. Bref, il y a des moments où nous devons affronter un problème qui n'est pas inscrit sur notre agenda !

Nous vous en donnons pour exemple l'incident mécanique, péripétie banale qui, pourtant, peut tourner au drame si l'on se laisse submerger par l'angoisse.

Vous rentrez chez vous en voiture, après un joyeux dîner chez des amis, à deux heures du matin ; c'est l'hiver, vous êtes seule sur une route de campagne.
Vous n'avez aucune connaissance de la mécanique automobile, si ce n'est vous asseoir au volant pour conduire. Soudain, vous sentez votre véhicule partir en zigzag ; vous avez du mal à le maîtriser, puis à vous arrêter sur le côté de la route. Peu rassurée, vous sortez du véhicule pour constater, en tapant timidement du pied dans les pneus, que vous avez crevé à l'avant. Que faire dans la nuit noire, sans téléphone portable et à 10 km de votre domicile ? Tremblante de froid et d'énervement, vous rentrez dans la voiture et vous vous mettez à pleurer à chaudes larmes !

Le trac, ne l'oubliez pas, est une émotion, mais aussi une énergie. Alors, de deux choses l'une : ou vous l'alimentez de vos sanglots pour aboutir à une bonne crise d'angoisse inutile, ou vous décidez de vous servir de cette force positivement.

Puisque vous ne savez pas changer la roue, vous réfléchissez à vos possibilités pour vous tirer de ce mauvais pas. Après avoir séché vos larmes, vous décidez dans l'ordre de :

- Quitter et fermer la voiture, veilleuses allumées, et de rentrer à pied.
- Mettre vos talons hauts dans les poches de votre manteau.
- Marcher sur le côté gauche de la route (tant pis pour vos bas !).

➼ Chanter si vous avez peur (votre crainte va toutefois vite s'effacer avec l'effort physique). Vous savez que vos yeux vont s'habituer à l'obscurité et vous n'aurez pas froid en marchant. Il vous faut deux heures et demie maximum pour regagner votre domicile, mais vous pouvez espérer rencontrer une voiture, ou une maison où téléphoner. Et puis, il n'y a pas que des bandits sur les routes... Vous vous jurez d'acheter dès demain une lampe électrique, peut-être même un petit vélo pour mettre dans votre coffre. À moins que vous n'appreniez tout simplement à changer une roue. Tout est possible !

Vive l'aventure !

Que le lecteur ne nous accuse pas de sexisme parce que l'incident décrit ci-dessus a une femme pour « héroïne ». Un homme n'aurait sans doute pas été plus valeureux. Nous sommes tous tellement accoutumés à notre monde automatisé que la moindre panne prend des allures de catastrophe.

Le courant électrique est coupé une heure, les ordinateurs s'arrêtent et l'économie avec ! L'un de nos pneus de voiture rend l'âme (alors que, soi-disant, « on ne crève plus »), c'est évidemment la panique ! N'est-il pas bon que nos « prothèses électroniques » marquent de temps en temps une pause (pas trop souvent quand même !) pour nous renvoyer à un corps dont nous sommes en train de perdre quelque peu l'usage ? Une crevaison, chose courante au temps où la bicyclette était encore la « petite reine », est désormais devenue une aventure.

Alors, la prochaine fois qu'un incident mécanique viendra troubler le cours confortable de votre existence, dites-vous avec bonne humeur que, après tout, vous avez en vous les moyens de vous passer momentanément de la machine, et prouvez-le[1] !

1. À propos des capacités qui sommeillent en nous, qu'il s'agisse de gérer le quotidien ou de développer notre personnalité, reportez-vous à la lecture de *Solitude : les vertus du retour à soi-même,* l'excellent ouvrage d'Antony Storr (Marabout ; 1993).

De la solitude à l'action

➢ Nous le savons, l'homme naît et meurt seul. Entre ces deux extrémités de l'existence, il connaît toute une série de rencontres, d'événements et de séparations. Ce sont autant de ruptures qui lui permettent de s'adapter aux étapes successives de sa vie. Le sevrage, l'entrée à l'école, les examens, le choix d'un conjoint, la maternité ou la paternité, les aléas de la compétition professionnelle (avec, malheureusement, les éventuelles périodes de chômage), puis enfin la retraite : le parcours de l'homme moderne est jalonné de «passages obligés», qu'il emprunte bon gré mal gré, en animal social qu'il est. Or, il se trouve confronté à deux nécessités :

– L'une, impérieuse, de vivre en groupe.
– L'autre, constitutionnelle, d'être autonome.

➢ Il faut bien le dire, la vie moderne nous entraîne davantage au moutonnement qu'aux réalisations individuelles. Conditionnés, nous avons en permanence besoin d'être reliés à la société par de multiples cordons ombilicaux... Nous sommes peu habitués à nous «débrouiller», à ne compter que sur nous. D'où cette peur qui nous saisit, beaucoup plus intense que celle de nos aînés, quand nous nous retrouvons face à nous-même lors d'une épreuve.

➢ Ne confondons pas toutefois l'*isolement,* cette contrainte qui génère une souffrance, et la *solitude* qui, bien cultivée, signifie ressourcement et liberté créatrice. Cette idée de liberté peut aussi engendrer le trac. Mais un *bon trac,* qui fait avancer. «L'homme a besoin de difficultés, elles sont nécessaires à sa santé!» dit Jung.

4. Devant micros et caméras

a) Parler au téléphone

Indispensable, aujourd'hui, en raison des précieux services qu'il rend, le téléphone a aussi ses inconvénients, ne serait-ce que sa sonnerie qui fait sursauter et «met en tension». Nous ne parlerons pas des multiples intrusions à votre domicile que la possession de cet appareil autorise (de préférence à l'heure des informations !), depuis la publicité enjouée vous promettant un voyage aux Caraïbes pour l'achat d'une cuisine équipée, jusqu'aux halètements inquiétants entrecoupés de silence que certains plaisantins anonymes jugent amusant de vous faire entendre, à trois heures du matin !

Plus sérieusement, nous voudrions évoquer le quasi-mutisme qui frappe certains individus face au combiné. En l'occurrence, ce n'est pas le regard de l'autre qui les paralyse, mais son oreille ! Le phénomène se vérifie notamment avec les répondeurs-enregistreurs. Si vous possédez un de ces appareils, vous êtes sans doute surpris du nombre de personnes qui raccrochent sans avoir laissé le moindre message. Encore des victimes du trac !

Comment se fait-il qu'un simple appareil, une mécanique, impersonnelle par définition, puisse de la sorte nous rendre muets ? Précisément parce que, dans notre tête, nous «humanisons» ces robots à même de capter la voix humaine, de la transmettre ou de la reproduire fidèlement (surtout s'il s'agit de la nôtre !). Bref, ces machines, de plus en plus perfectionnées, nous font peur ! Ne nous mettent-elles pas carrément à leur merci ? Ne nous prennent-elles pas une part de nous-même, en confisquant notre voix et en la restituant fidèlement à notre auditeur ? Celui-ci ne va-t-il percevoir nos défauts d'élocution et de langage, nous réécouter, s'amuser de notre accent ? La crainte du jugement d'autrui, encore et toujours !

Valérie est tout heureuse d'avoir trouvé un premier emploi de secrétaire et se précipite dans une cabine téléphonique pour annoncer la bonne nouvelle à Delphine, sa meilleure amie. Elle «tombe» sur un répondeur qui égrène quelques mesures d'une chanson nasillarde, puis reconnaît enfin la voix de sa copine, lui intimant avec solennité de laisser son message après le bip sonore. Valérie, coupée dans son élan, déçue, a perdu sa spontanéité et ne sait plus quoi dire. Un blanc s'installe. De longues secondes s'écoulent sans qu'elle prononce un mot, ce qui accentue son trac. Elle cherche une phrase, rien ne sort de sa bouche, sinon, avant de raccrocher et parce qu'elle est dans les courants d'air… un sonore éternuement ! Elle est refroidie, dans les deux sens du terme !

Si vous-même vous hésitez avant de parler au téléphone ou « coincez » régulièrement devant un répondeur, nous vous conseillons de replacer les choses dans leur contexte. Considérez le téléphone et le répondeur-enregistreur pour ce qu'ils sont, à savoir des outils, exactement comme une cuillère ou une fourchette. C'est uniquement leur côté pratique qui importe.

Notre suggestion

➠ Que vous ayez votre interlocuteur en « direct » ou son répondeur, présentez-vous et indiquez immédiatement le but de votre appel. Ce sont les circonvolutions verbales que l'on se croit obligé de tenir avant d'arriver au sujet qui donne le trac !

➠ Souriez en parlant. Tout en égayant votre voix, le sourire vous détend et vous donne l'assurance nécessaire pour poursuivre.

➠ Soyez concis, votre interlocuteur le sera également… et l'épreuve sera moins longue !

b) Passer à la radio

Les stations de radio aiment étonner leurs auditeurs. Vous-même, si vous êtes recordman de dégustation de spaghettis ou encore collectionneuse de fèves ou de canards en faïence, vous pouvez être sollicité(e) pour une émission. Or, s'il est logique que les animateurs de radio possèdent par métier aisance et facilité d'élocution (le ton de la conversation détendue étant de rigueur), il est moins évident que leurs invités soient décontractés et volubiles à volonté !

Amie lectrice, votre passion pour les objets anciens vous a amenée à écrire un livre sur les collections, et votre éditeur vous annonce que vous êtes invitée par France-Inter, dans deux jours, à l'émission « Quoi de neuf ? ».

➻ **Première réaction possible** : *la nouvelle vous réjouit autant qu'elle vous effraie. L'idée même d'entrer dans cette immense maison ronde de la Radio vous donne des battements de cœur. Et la pensée que votre famille, vos amis et la France entière vont vous entendre vous glace jusqu'aux os. Vous vous voyez devant le micro, soumise au feu roulant des questions pièges du journaliste, qui feuillette sévèrement votre livre dûment annoté. Vous vous entendez bafouiller et vous imaginez les techniciens affolés vous faire des signes désespérés derrière la vitre du studio. Dans l'espoir de vous rassurer, vous passez deux nuits à lire, à relire, puis à apprendre votre ouvrage par cœur… et vous vous présentez au studio épuisée, tendue comme un ressort et, bien sûr, rongée par le trac !*

➻ **Seconde réaction possible** : *vous avez écrit cet ouvrage pour qu'il soit lu, et vous êtes ravie de cette opportunité promotionnelle. Vous n'êtes jamais « passée à la radio » et vous éprouvez un petit trac mêlé de curiosité. Celle-ci vous fait téléphoner au réalisateur de l'émission pour demander si vous devez préparer quelque chose. Il vous est aimablement précisé que l'entretien sera axé sur les conseils pratiques aux collectionneurs, donc sur votre expérience, ce qui vous rassure. Au lieu de fabriquer dans votre tête un scénario catastrophe, vous décidez de vous préparer à raconter quelques anecdotes amusantes, vécues lors de vos achats d'objets chez les brocanteurs.*
Le jour venu, vous vous présentez tout sourire au studio, où vous rencontrez une équipe sympathique. Une joyeuse ambiance est déjà créée quand la lampe rouge s'allume. Vous avez oublié le micro devant vous et les millions de gens qui vous écoutent. Vous ne voyez plus qu'un aimable journaliste avec qui vous bavardez comme à la maison, le plus simplement du monde.

Paradoxalement, c'est le public « invisible » – à la fois absent et présent – qui peut effrayer le nouveau venu dans un studio de radio. En outre, les animateurs, concentrés sur leur travail, ne pensent pas toujours à détendre préalablement leurs invités (de simples explications techniques suffiraient), oubliant qu'ils ont surmonté leur propre trac au fil des émissions, l'*habitude aidant.* Ne se trouve-t-on pas d'ailleurs devant le même phénomène en avion ? Les voyageurs inquiets (ils sont 90 %, disent les enquêtes) pourraient être rassérénés par quelques précisions matérielles, en sus de la démonstration d'emploi des gilets de sauvetage… laquelle plonge plus d'un passager dans l'angoisse !

Notre suggestion

➠ Vous êtes convié à « causer dans le poste » ? Les studios de radio, avec leurs tentures insonorisées et leurs micros presque confidentiels sont maintenant de simples salles de réunion, conviviales pour la plupart. En vous y rendant, pensez tranquillement à votre sujet, aux pointes d'humour dont vous allez le pimenter et ne vous inquiétez pas pour le public. C'est dans l'œil du journaliste et des techniciens que vous le verrez réagir à vos propos. Et ceux-ci feront tout pour vous mettre à l'aise dès votre arrivée. Alors, laissez-vous porter par les questions de l'animateur, et tout ira bien.

c) Participer à une émission de télévision

La télévision n'est pas en reste sur la radio et multiplie sur toutes les chaînes les « émissions-témoignages ». La planète est devenue un village, et la télévision, le café du commerce où l'on refait le monde, où l'on bavarde sur les sujets à la mode avec de nombreux invités. Ces derniers temps, le mystère fait recette, de la voyance à la sorcellerie, des miracles aux médecines douces, en passant par tous les phénomènes étranges.

Vous êtes précisément concerné, puisque vous avez vu, vous en êtes sûr, un énorme « objet volant non identifié » s'arrêter au-

dessus de votre maison puis filer à grande vitesse, alors que vous preniez le frais dans le jardin, une nuit de l'été dernier. L'enquête des gendarmes, les réactions de la presse locale, sans compter la photo que vous avez eu le temps de prendre, tout cela a attiré sur vous l'attention de la télévision. Vous êtes convié à l'émission « C'est vrai, c'est pas vrai » pour raconter ce que vous avez de vos yeux vu !

Première réaction possible : *vous êtes partagé entre l'envie d'y aller et celle de tout envoyer balader ! Vous vous décidez finalement, encouragé par votre conjoint, mais très mal à l'aise à l'idée de devoir affronter les sceptiques qui ne vont pas manquer de vous ridiculiser, alors que tous les gens que vous connaissez vous verront en direct sur l'écran de leur téléviseur. Vous arrivez plutôt méfiant sur un plateau encombré de caméras et violemment éclairé, où circule une foule de techniciens et d'invités fébriles. Une maquilleuse vous entraîne aussitôt dans un coin pour vous enduire le visage de fond de teint.*
L'animatrice, qui vous paraissait charmante pendant la mise en place, vous attaque d'entrée, avec ce qui vous semble une détestable mauvaise foi, en vous demandant si vous êtes sûr de ne pas avoir rêvé, à la belle étoile, devant des OVNI imaginaires. Déstabilisé (comme elle le souhaitait), vous tentez de dire quelques mots, réclamant la projection de votre photo, mais vos détracteurs s'esclaffent et ne cessent de vous couper la parole. Vous transpirez à grosses gouttes et vous vous sentez fondre comme un sorbet... Soudain furieux, vous quittez l'émission, aveuglé par les projecteurs et le maquillage qui vous pique les yeux !

Seconde réaction possible : *vous arrivez souriant sur le plateau et plaisantez avec la maquilleuse pour entretenir votre bonne humeur, cet antitrac naturel. Vous avez bien récapitulé les différentes phases de ce que vous souhaitez raconter. L'animatrice, avec qui vous avez échangé quelques mots, vous a informé de la manière dont va se dérouler l'émission et vous savez ainsi qu'elle va commencer avec vous.*
Son attaque humoristique, voulue pour détendre l'assistance, ne vous surprend pas, et vous lui répondez sur le même ton enjoué. Non,

N'en rajoutez pas !

➢ Tout au long de ce chapitre, nous avons constaté à quel point l'imagination alimente le trac – quand elle ne le fabrique pas –, avant et pendant l'événement. N'est-ce pas, en effet, notre « folle du logis » qui nous :

– Donne à voir un « monstre » en lieu et place d'une assemblée de gens.

– Fait souvent assimiler l'autre à un adversaire.

– Enseigne le doute, sinon la peur de nous-même dans nos épreuves.

– Met en difficulté devant les outils modernes de communication.

➢ Autrement dit, si notre faculté de représentation nous permet logiquement d'anticiper et de nous préparer ainsi à l'action positive, une imagerie intérieure trop fournie en clichés dramatiques peut nous paralyser au lieu de nous aider. Nous l'avons dit, c'est souvent l'exagération de la situation à venir, somme toute la vision hypertrophiée et pessimiste que l'on en a, qui provoque le trac, lequel se dilate puis monte comme un soufflé ! Si nous ne maîtrisons pas cette propension à nous faire du cinéma, notre fiction devient réalité jusqu'à nous faire vivre, à l'avance et dans l'angoisse, un événement déformé, voire inventé de toutes pièces, qui de toute évidence se termine toujours, dans notre tête, par un échec cuisant.

➢ Remettons les choses à leur juste place. Vous devez vous présenter après-demain au concours d'entrée au Conservatoire et vous êtes « dans vos petits souliers » ? Réfléchissez à ce que signifie votre trac. De deux choses l'une : soit vous n'êtes pas du tout préparé, et vous craignez à juste titre de rater votre prestation, soit, bien que vous soyez fin prêt, vous vous en faites tout un monde. Vous possédez parfaitement votre sujet ? alors mettez toute votre énergie, dans le calme, au service de votre réussite. Et n'en rajoutez pas !

vous ne rêviez pas à la belle étoile, puisque vous avez eu le temps de prendre une photographie de l'OVNI en question ! Vous laissez vos détracteurs s'époumoner à la vue du cliché et reprenez la parole après l'avoir demandée calmement à l'animatrice. Vous savez qu'il ne s'agit pas pour vous d'avoir raison dans ce genre de débat, mais de vous exprimer avec sincérité. Vous n'avez rien à prouver mais un document à montrer, qui servira de toile de fond au générique de fin. Vous avez tenu le coup, votre maquillage aussi. Mission accomplie !

Notre suggestion

➡ Participer à une émission de télévision impressionne généralement davantage que d'assurer une prestation radiophonique. D'abord parce que, contrairement à l'ambiance souvent intimiste du studio de radio, l'agitation d'un plateau inondé de lumière pour un «show» grand public, dans une turbulence de techniciens et de caméras, a de quoi désorienter. Ensuite, parce qu'en plus des invités présents, vous «sentez», dans l'œil de cyclope de chaque objectif fixé sur vous, les millions de spectateurs qui devant leur écran vous voient et vous jugent.

➡ Ici encore, il s'agit de relativiser. Tout ce matériel, nécessaire au plan technique, ne vous concerne pas. Ce n'est pas votre problème ! Concentrez-vous sur votre sujet en ignorant ce qui vous entoure, à l'image du musicien attentif à sa seule partition. En bref, prenez vos distances avec la technique, sans dramatiser l'enjeu de votre prestation. Un brin d'humour vous permettra de vous distancier de l'agitation environnante.

CHAPITRE IV

Que d'émotions !

NOUS avons présenté le trac comme une émotion. En l'occurrence, s'il a beaucoup à voir avec la peur, nous le savons, il est aussi lié aux autres émotions fondamentales que sont la colère, la tristesse et la joie.
Nous vous proposons dans ce chapitre d'étudier le rôle physiologique de chacune d'elles, ce qui nous conduira à établir une distinction entre émotions et sentiments. Ces derniers ont d'ailleurs plus d'un tour dans leur sac; ils peuvent favoriser et entretenir le trac s'ils ne sont pas adaptés aux situations.
Voyons cela de plus près.

1. Les émotions fondamentales

Exposés en permanence aux événements de la vie, nous leur « accusons réception » par l'intermédiaire de notre système émotionnel, qui déclenche notre réponse ; ce sera, suivant le cas, la peur, la colère, la tristesse ou la joie. Examinons chacune de ces émotions.

a) La peur

Si « la peur n'évite pas le danger », selon un proverbe populaire, elle permet néanmoins de s'en méfier, donc de se protéger. En ce sens, elle constitue un très utile *signal d'alarme,* tout comme l'un de ses « sous-produits », le trac. Mais elle n'est pas que cela.

À propos de sa peur, il est possible de parler d'une énergie à vocation interne, tant la décharge d'adrénaline qu'elle provoque influence en premier lieu les circuits de l'organisme : accélération du rythme cardiaque, montée de la pression artérielle, etc.

Comment dissiper cette peur, voire cette frayeur ? En l'extériorisant. On fait alors coup double, puisqu'en passant d'un état statique à l'action (attaque ou fuite), le corps, alimenté par cette énergie, devient moteur. Le schéma est bien sûr le même pour le trac, « petite peur » qui peut, elle aussi, tétaniser ou galvaniser le sujet, selon sa disposition mentale du moment.

À l'image d'une batterie électrique, l'énergie est mise en charge, puis stockée, avant d'être utilisée. Stockée en trop grande quantité, l'« énergie-peur » s'accumule dans l'organisme et devient négative, sous forme d'inhibitions et de tensions internes. Judicieusement utilisée, elle remplit sa mission motrice et libère en même temps le corps et l'esprit. Nous pouvons alors parler de peur ou de trac positifs.

Cette jeune femme qui marche dans un couloir de métro désert voit soudain surgir devant elle deux individus menaçants, chacun avec un couteau à la main. Surprise, elle a un geste de recul, regarde autour d'elle, s'adosse au mur et laisse tomber son sac. Au moment où les voyous se penchent pour le saisir, la voya-

geuse décoche au premier un violent coup de genou dans le bas-ventre et, dans le même mouvement, une cinglante manchette à la gorge du second. Ils s'écroulent tous les deux en lâchant leur arme, les yeux exorbités, hurlant de douleur et surpris à leur tour… d'être tombés sur une championne de karaté. Les risques du métier !

Jean-Pierre, pâle et ruisselant de sueur, se cramponne des deux mains au siège passager de la « GTI » que pilote son copain Bernard. Celui-ci, très excité, prend plaisir à slalomer en pleine ville entre les voitures et à griller les feux rouges les uns après les autres. Plus Jean-Pierre le supplie d'arrêter son rodéo imbécile, plus Bernard appuie sur le champignon, au milieu d'un concert de Klaxon. Brusquement coincé par un autobus, Bernard est obligé de stopper. Jean-Pierre, livide, en profite pour ouvrir sa portière et s'enfuir… vers une bouche de métro !

Ce percussionniste débutant vient d'apprendre qu'il doit remplacer le titulaire de la batterie lors du prochain concert du grand orchestre de la ville. Il est à la fois tout heureux et contracté à l'idée de jouer avec cette formation réputée. Mais il est crispé au point de ne pas pouvoir répéter chez lui. La vue brouillée par le trac, il ne parvient pas à lire sa partition, pourtant courte. Le soir venu, il a bien du mal à mettre ses boutons de manchettes. Raide dans son smoking, il arrive très ému au conservatoire. Il ne se détend vraiment qu'à son premier et énorme coup de cymbales… qui fait sursauter tous les musiciens et le public !

Trois cas, trois exemples de « gestion » de la peur. Notre voyageuse analyse la situation, puis décide de faire face à ses agresseurs (attaque) ; Jean-Pierre verbalise sans succès sa peur, mais elle l'incite de façon salutaire à s'échapper à la première occasion (fuite) ; toute l'énergie bloquée du percussionniste, et donc son trac, s'envole dans son coup de cymbales (inhibition puis libération… tardive).

Notre suggestion

➠ Plus que les autres émotions, la peur comme le trac constituent de véritables «palpeurs» de l'environnement. Ainsi perçus et utilisés, ils sont susceptibles de vous indiquer une saine conduite à tenir devant une circonstance donnée. Il ne s'agit donc pas d'avoir honte de votre peur, ni de vous «forcer» à affronter toutes les situations, à riposter alors même que vous n'en avez pas les moyens. Écoutez le plus objectivement possible ce qu'elle vous dit. La fuite ou la prise de distance ne signifient pas que vous manquez de courage quand elles correspondent à l'évitement lucide d'une vraie menace.

b) La colère

Comme la peur, la colère est une réponse organique aux stimuli que nous recevons. Cependant, alors que la peur est une énergie autoprotectrice, donc d'abord à «but interne», la colère, elle, est une expression à «visée externe».

Quand la première agit sur les viscères, la seconde, en «fouettant le sang», mobilise les membres, amplifie le son de la voix, contracte les traits du visage et embrase le regard.

Pourquoi nous mettons-nous en colère ? Généralement, pour exprimer un mécontentement, une insatisfaction, et pour en faire part à notre entourage. Nous marchons de long en large, nous battons l'air de nos bras en vociférant, nous invectivons les autres et les fusillons du regard... Bref, tout en soulageant notre tension, nous cherchons à impressionner nos interlocuteurs.

Au paroxysme de la colère, nous pouvons aussi dépasser la gesticulation verbale et devenir violents, en brisant des objets ou en agressant corporellement quelqu'un ! Bigre !

La colère est-elle vraiment une émotion nécessaire ? Oui, sans aucun doute, puisqu'elle constitue avec la peur, depuis l'aube des temps, l'un de nos premiers moyens de défense, de diversion aussi, pour effrayer et écarter l'assaillant. La socioculture l'a transformée ensuite en «outil relationnel», par exemple pour stopper un processus qui ne nous convient pas, pour modifier une situation, pour nous permettre de faire comprendre quelque chose à autrui ou pour l'intimider.

La colère est donc utile et saine, même si parfois elle peut être socialement inadaptée, injuste ou manipulatrice.

Notre propos veut toutefois se centrer ici sur l'« énergie-colère » et ses effets sur l'individu. Nous considérons à cet égard qu'une vraie et bonne colère, bien formée et à point, doit s'exprimer ici et maintenant ! Si elle demeure rentrée, si elle s'accumule de la même façon qu'une peur non libérée pendant une longue période, c'est le stress assuré.

Jean-Claude, dynamique patron d'une petite société, est aussi un incorrigible coureur de jupons. Il courtise sa blonde et jeune secrétaire, Florence, depuis des mois. Petits cadeaux, invitations au restaurant, propositions de congés supplémentaires, promesse d'augmentation de salaire, il utilise tous les stratagèmes pour tenter de la séduire. Mais Florence tient bon et refuse systématiquement et poliment toute compromission. En fait, elle est furieuse, mais garde pour elle cette colère qui l'envahit chaque jour un peu plus. Elle paie bientôt son attitude par des migraines, des maux d'estomac et autres douleurs lombaires qui expriment son immense ras-le-bol. Elle a peur de perdre son emploi et s'en va angoissée tous les soirs.
Jean-Claude est très vexé de son échec. Il décide de s'attaquer à Josyane, sa brune et pulpeuse comptable, de manière plus expéditive pour rattraper le temps perdu. Un matin, il lui apporte des fleurs dans son bureau, ferme la porte à clef et tente de l'embrasser. La réponse de Josyane est immédiate et fracassante : le patron reçoit les fleurs, l'eau des fleurs et le vase à la figure… avec, pour faire bonne mesure, une gifle sonore ! Sidéré, penaud, il sort du bureau en se frottant la joue et en essuyant son veston. Après une longue respiration, Josyane, sûre de son bon droit, se replonge tranquillement dans ses comptes.

Notre suggestion

➠ Vous êtes en colère après quelqu'un? Si vous avez l'intime conviction que votre courroux est justifié, faites comme Josyane et donnez-vous la permission de l'exprimer, de préférence vite et oralement. Osez le «coup de gueule»! À défaut, faites-le par téléphone ou par lettre! Évitez tout de même les mots regrettables, qui dépassent la pensée, et cela va sans dire, toute violence physique.

➠ Il vous arrivera sans doute d'être surpris de la réaction positive de votre interlocuteur qui, dans bien des cas, comprendra votre réaction. Mais souvenez-vous qu'il a lui aussi le droit de se mettre en colère : vous ne vous expliquerez que mieux après un orage en commun, et il est possible que vous deveniez – ou redeveniez, comme c'est souvent le cas – les meilleurs amis du monde! Non seulement la colère évacue l'angoisse et le trac emmagasinés, mais elle est souvent positive en ce sens qu'elle permet un redémarrage à zéro, basé sur de nouvelles données relationnelles. Mieux vaut «s'engueuler» une bonne fois de temps en temps que «se faire la gueule» tout le temps!

c) La tristesse

Comme la tension de la colère, celle de la tristesse ne demande qu'à s'évacuer. Quand l'émotion est trop forte, une onde puissante monte du ventre, bloque l'estomac, noue la gorge, coupe la parole (ce sont les mêmes effets que ceux de la peur et du trac) et fait irruption par les yeux, sous forme de larmes. Si ces larmes sont retenues – on dit encore «ravalées» –, les yeux piquent et le circuit s'engorge littéralement, provoquant une tension interne accrue. Lorsque les larmes sont normalement évacuées, on a coutume de dire qu'elles «brûlent les joues»; elles contiennent en effet des toxines.

Dans notre civilisation occidentale, il est de bon ton de camoufler nos émotions. «On ne pleure pas quand on est un homme!» dit encore aujourd'hui la maman à son petit garçon qui vient de s'étaler dans une flaque d'eau. Cette injonction maternelle s'installe en lui et l'empêche, quelquefois sa vie durant, d'exprimer normalement sa tristesse.

Notre existence est faite de rencontres et de découvertes agréables, mais aussi de pertes, de séparations, de mauvaises nouvelles et de stress divers. Nous devons très souvent couper des liens et « effectuer un travail de deuil » plus ou moins long, après la disparition d'un être aimé, un divorce ou même le départ d'un lieu où nous avons été heureux. Comme nous avons besoin de détente après un effort physique ou psychique, pleurer nous permet de soulager notre souffrance morale, de nous décontracter, avant de nous investir à nouveau dans une relation ou une tâche. Il ne faut donc pas garder en nous cette tristesse ou cette tension qui nous intoxiquent véritablement, mais les évacuer à notre rythme.

Lors de l'enterrement de sa mère, cet homme éprouve un immense chagrin. Il voudrait pleurer mais ne le peut pas. Les jours suivants, il est nerveux, moins sûr de lui dans son travail. Il se « libérera » quelques semaines plus tard en éclatant en sanglots à l'occasion d'une promenade solitaire sur une plage de son enfance.

Antoine, en vacances chez sa grand-mère, apprend son échec au baccalauréat. Il s'effondre en larmes dans ses bras et elle le console longuement. Pendant une semaine, il est triste, vexé, rageur, et ne veut pas voir le moindre cahier ou livre, qu'en vérité il a peur d'ouvrir. Puis, les bons plats de Mamy aidant, il retrouve le sourire et toute son énergie… pour préparer la session de rattrapage de septembre.

Lauriane, petite fille de 8 ans est, comme toute sa famille, inconsolable. Son teckel roux « Matcho », si gentil compagnon de jeu, vient de se faire écraser par une voiture. Elle ne veut rien manger, fait des cauchemars et pleure toutes les larmes de son corps pendant quinze jours. Alors qu'elle retrouve doucement son appétit et un petit sourire, son papa rentre à la maison avec un adorable caniche noir tout bouclé, aux yeux câlins irrésistibles. Il bondit sur Lauriane, d'abord méfiante, puis vite conquise. Elle s'endort ce soir-là avec son nouvel ami dans les bras, et décide le lendemain matin de l'appeler « Cachou ».

Ce commandant de bord canadien fait un clin d'œil à son copilote et pousse un « ouf » de soulagement en coupant le contact de son Boeing, sur la piste d'Orly, au petit matin. Depuis Montréal, il n'a eu que des ennuis : fuite de kérosène, retard de décollage, deux orages sur l'Atlantique et une demi-heure d'attente au-dessus de la forêt de Sénart avant de pouvoir se poser. Les applaudissements pour son atterrissage impeccable ont détendu ses trois cents passagers, mais pas lui ! Arrivé à l'hôtel, il ne trouve pas le sommeil. Allongé sur son lit, il se coiffe des écouteurs de son baladeur et charge Mozart de l'apaiser. En quelques minutes, un sublime concerto pour piano lui tire des larmes délicieuses… et l'emporte sur un nuage !

Nous ne sommes pas égaux sur le plan émotionnel : à l'instar de la peur et de la colère, la tristesse peut s'exprimer de façons très diverses chez chacun d'entre nous. Dans le retrait le plus total comme dans la suractivité, dans l'agitation comme dans la discrétion, avec ou sans larmes. Nous venons de le voir : « pleurs » rime avec « libérateur ». Le trac, dans ses multiples formes, donne lui aussi parfois envie de pleurer avant une prestation. Si vous avez cette chance, car c'en est une, puisqu'on ne pleure pas sur commande, surtout ne réprimez pas vos larmes. Elles ont une vertu relaxante, tout à fait opportune avant une épreuve. N'ayez pas peur de sortir votre mouchoir !

d) La joie

C'est clair, la peur, la colère et la tristesse n'assurent vraiment leur « mission physiologique » que lorsqu'on peut les évacuer. Il est évident que si ces émotions s'accumulent, se superposent en permanence dans l'organisme, elles empêchent leur « collègue », la joie, de s'exprimer à son tour. Or celle-ci, signe de bonheur et de plénitude, ne demande bien entendu qu'à exulter. Émettrice d'une bienfaisante énergie, elle inonde le corps et l'esprit et met véritablement l'homme *en fête,* favorisant même la sécrétion d'hormones euphorisantes (les endorphines), nous disent les biologistes.

Grâce à ces substances, vous vous réveillez et bondissez hors du lit, gai comme un pinson. Vous chantez dans votre salle de bains, vous engloutissez un copieux petit déjeuner et partez faire votre jogging, le sourire aux lèvres et au cœur, avant de commencer ce qui ne peut être – vous le sentez par tous les pores de votre peau – qu'une bonne journée de travail !

Pourtant, si pendant votre course dans les bois vous vous rappelez soudain que vous n'avez pas préparé l'exposé qu'attendent vos collaborateurs le matin même, votre joie va devenir souci. Et vous arriverez au bureau essoufflé, pas rasé, inquiet pour votre voiture en double file… et l'estomac serré par le trac ! En revanche, si vous partez courir avec un bloc et un crayon dans votre survêtement et vous asseyez au pied d'un arbre pour rédiger les grandes lignes de votre « topo », vous ne perdrez pas votre gaieté, surtout avec la compagnie des oiseaux ! Et c'est en pleine forme, douché, détendu et souriant, que vous assurerez votre prestation. En effet, si comme toute émotion la joie ne se commande pas, elle peut s'entretenir. Il s'agit de se mettre en condition, de se prédisposer à accueillir cet *état d'âme* (cf. chap. II, « L'humeur ») et pour ne pas le laisser s'échapper, d'en faire ensuite profiter les autres !

C'est une autre particularité de la joie : en investissant le langage et la gestuelle, elle est faite pour être partagée. Elle favorise le contact avec autrui, bref, elle est communication. En cela, c'est l'arme anti-trac par excellence.

Depuis trois jours, Mireille est contente et tendue à la fois. Elle doit recevoir samedi soir à dîner trois couples d'amis qui, connaissant ses talents de cordon bleu, viennent pour se régaler. Recettes et temps de cuisson se bousculent dans sa tête, et c'est avec une boule dans la gorge qu'elle se « met en cuisine » le samedi matin. À seize heures, tout est prêt, mais la nervosité de la maîtresse de maison est au maximum. Elle a peur de brûler son plat. Pour la détendre, son mari a l'heureuse idée de lui projeter la cassette du film Les Visiteurs *deux heures avant l'arrivée des invités. Mireille se tord encore de rire en leur racontant une scène pendant l'apéritif. Et quand, radieuse, elle apporte sur la table son fameux gratin de langoustines, doré à souhait, tout le monde l'accueille avec un joyeux et retentissant « O. K… ! ».*

Do-ré-mi est clown. S'il porte sur la piste ses grandes chaussures d'Auguste, ce soir, devant sa glace... il est dans ses petits souliers ! Dans une demi-heure, il va présenter son nouveau numéro avec le clown blanc La-si-do. Son maquillage dessine une énorme bouche rieuse, mais en fait Do-ré-mi ne rigole pas du tout. « Toi je ne sais pas, mais moi j'ai une pétoche de tous les diables ! » dit-il à son partenaire, un peu crispé lui aussi.
Pour se détendre, il se plonge dans le journal et éclate de rire. Il vient de lire, à la rubrique humour, une « perle » de la Sécurité sociale. « Écoute celle-là, dit-il à La-si-do : "Je nourris mon enfant au sein, et je n'arrive pas à nouer les deux bouts !" » Son ami pouffe à son tour. À la lecture des autres « perles », les deux clowns, hilares, se tapent sur les cuisses. Lors de leur entrée décontractée sur la piste, ils sont encore secoués par un fou rire qu'ils communiquent aussitôt aux spectateurs...

Maria-Corinne est photographe pour une société bourguignonne de cartes postales. Ce matin d'octobre, elle s'est levée à l'aube pour aller prendre une série de clichés dans les vignobles roussis par l'automne, sur les coteaux de Mercurey. En voiture, encore ensommeillée, elle pense au nouvel objectif et à la pellicule ultra sensible qu'elle veut utiliser. À vrai dire, elle est toujours un peu inquiète avant un reportage. Va-t-elle trouver des angles originaux de prise de vue ? Que va en penser son employeur ? Arrivée sur les hauteurs où s'accrochent des lambeaux de brume, elle est soudain saisie par la beauté du spectacle. Le soleil levant s'émiette en éclats de topaze qui miroitent à perte de vue et enflamment les feuilles des vignes. Un instant rare. Devant cette vallée ruisselante d'ors et de rosée, Maria-Corinne sent monter en elle un enthousiasme créatif. L'œil collé au viseur du Minolta, elle mitraille sans retenue, enchaînant zooms et gros plans... Ces photos seront parmi les meilleures qu'elle ait réalisées.

Vous l'avez remarqué, les émotions sont contagieuses. Un peureux peut semer la panique dans un avion, comme un coléreux, dans la circulation, peut courroucer un autre automobiliste. Dans le même esprit, combien de gens revoient régulièrement le film *Autant en emporte le vent* pour pleurer tout leur soûl, ou *La Grande Vadrouille*

Les émotions en boîte

➢ Que font les écoliers quand sonne l'heure de la récréation ? Ils se précipitent dans la cour et s'éparpillent en criant à pleins poumons pendant de longues minutes. Ils libèrent ainsi spontanément leurs émotions contenues avant de s'aligner à nouveau, détendus et disponibles, au coup de sifflet du maître.

➢ Nous autres adultes ne savons plus nous ouvrir ainsi au monde, en toute simplicité. Lorsque l'homme a recouvert son corps de vêtements en sortant de la caverne, il a aussi voilé sa pensée. Ainsi s'est institué le «non-dit». Au fil du temps, la société humaine a adopté un mode de fonctionnement codifiant ce que l'on peut dire et faire, ce qu'il est interdit d'exprimer et de donner à voir, ce que l'on doit garder pour soi. N'est-il pas de mauvais goût aujourd'hui de s'esclaffer ou de sangloter en public ?

➢ Il est évident que toute société doit obéir à certaines règles afin que ses membres puissent cohabiter en paix. Mais on peut se demander si le fait de contenir et de contrôler en permanence nos émotions, jusqu'à les refouler et les enfermer au fond de nous, n'est pas une contrainte fort dommageable. Alors que nous leur donnons libre cours pendant l'enfance, avec nos pleurs et nos rires, nos cris de frayeur ou de colère, nous les «planquons» bien trop souvent derrière nos costumes et tailleurs dans notre vie sociale policée d'hommes et de femmes. Comment s'étonner qu'à l'inverse des bambins, qui eux ne connaissent pas le trac, nous en subissions les affres !

➢ Vous l'avez compris : pour vous libérer du trac, libérez vos émotions à chaque fois que vous le pouvez. Et vous retrouverez votre âme d'enfant !

pour s'offrir à coup sûr deux heures de rire ! Ce dernier film est d'ailleurs programmé à répétition par les chaînes de télévision, toujours avec le même succès, ce qui prouve bien que nous avons un besoin physiologique de gaieté pour échapper au stress de la vie actuelle.

Ne manquez donc pas les occasions de vous mettre en joie avant une épreuve. Éloignez la sinistrose ambiante par tous les moyens. Films, livres et bandes dessinées humoristiques abondent. Les promenades dans la nature apportent la joie du corps et de l'âme. Enfin, rencontrez des gens drôles. Heureusement, il en existe encore !

2. L'expression des sentiments

a) Les sentiments « parasites »

Nous l'avons vu, il convient de différencier *émotions* et *sentiments,* que le langage confond le plus souvent. Nous venons de définir l'émotion comme une *réaction physiologique spontanée* à une situation. Nous considérons en revanche le sentiment comme une impression, une disposition d'esprit qui peut d'ailleurs être liée à une ou des émotions. Alors que ces dernières constituent de véritables radars qui agissent ou réagissent par rapport à notre environnement (*peur* pour nous en signaler les dangers, *colère* pour le modifier, *joie* pour nous y ouvrir, *tristesse* pour le quitter), les sentiments sont essentiellement les rapporteurs de nos états d'âme. De l'allégresse à la rancœur, de la sérénité à la déception, de l'euphorie à l'amertume, de la honte à la culpabilité, de la plénitude à la tendresse… leur gamme est riche, et nombreux sont les comportements correspondants !

Les émotions et les sentiments ne fonctionnent nullement de la même manière vis-à-vis du trac. Autant les quatre émotions fondamentales ont la faculté de nous en libérer, autant nos innombrables sentiments, lorsqu'ils sont mal utilisés, ont au contraire le pouvoir de nous y enfermer, voire de le renforcer. En outre, alors qu'une émotion est spontanée, un sentiment peut être parfaitement « fabriqué », et ce, très souvent, dans la petite enfance. Vous avez sans doute remarqué qu'il existe des familles « soleil », dont tous les membres sont gais, chaleureux et rayonnants, et d'autres dont les parents et les enfants se montrent sombres, maussades et même… orageux ! Ces attitudes, bonnes et mauvaises, s'acquièrent par modelage et sont reproduites plus tard à l'âge adulte, pouvant de la sorte se transmettre de génération en génération.

C'est ainsi que les Drôlet ont une réputation justifiée de joyeux lurons de père en fils, et que les Tronchard sont connus pour faire grise mine ; on le sait dans tout le quartier, leur grand-mère ne saluait déjà personne ! Ne nous attardons pas chez les Drôlet (les gens heureux n'ont pas de problèmes, ils n'ont que de bonnes solutions !), mais regardons plutôt comment fonctionne la famille Tronchard. Mme Tronchard est dépressive de longue date, souvent alitée, et son état de santé exige un grand silence à la maison. De ce fait, André, son mari, un homme aigri, ne passe jamais l'aspirateur mais balaye l'appartement à pas feutrés. Leur fils de 12 ans, Jean-Marie, n'a le droit d'allumer la radio et la télévision qu'en sourdine. Pas question non plus d'amener des copains à la maison. La première expérience du genre, avec chahuts et éclats de rire, a été la dernière et a valu de sévères remontrances à Jean-Marie. Il se réfugie donc dans ses devoirs et leçons, puisque ses parents sont très inquiets quand il se risque à sortir. Récompense de cet ascétisme imposé, Arlette, la mère, félicite et embrasse Jean-Marie, « ce bon fils si sage et studieux qui aime sa maman », et André, le père, le complimente à son tour « pour son sérieux et sa maturité ».
Résultat : Jean-Marie est devenu un adolescent, puis un homme austère et craintif, qui sera bientôt dépressif à son tour. Inconsciemment, il a enregistré qu'on doit être triste pour être aimé et il a remplacé toute gaieté par une morosité permanente. Ce sentiment « parasite » – ou de substitution – a envahi tout son champ relationnel. Pour ce fils maintenant sérieux et discret archiviste de banque, qui vit toujours fidèlement chez ses parents, la perspective d'un poste au guichet n'est même pas envisageable. « Vous n'êtes ni souriant ni causant », lui reprochent ses employeurs. Ce qui arrange bien Jean-Marie, que le moindre dialogue imprévu, la moindre intrusion derrière ses piles de dossiers bien classés, font trembler de trac !

Nous souhaitons à Jean-Marie, un jour prochain, un véritable «réveil», une bonne et saine colère qui viendra de loin ! Comme un bouchon qui saute, en évacuant ses sentiments parasites, elle le libérera du chantage d'une mère surprotectrice à sa manière, et de la faiblesse d'un père possessif. Elle lui fera trouver un appartement en ville, rencontrer des amis et, pourquoi pas, une petite amie. Alors, notre employé de banque aura envie de quitter ses archives… et son trac, pour le guichet de la banque ou, qui sait, pour quelque poste itinérant de chargé de clientèle !

b) Sentiments et ressentiments

L'exemple de Jean-Marie, pour caricatural qu'il soit, nous renvoie aux situations bien réelles que peut vivre un enfant. La crainte de déplaire à ses parents, de ne plus être aimé d'eux, au pire d'être abandonné, est plus courante qu'on ne le pense. Elle peut l'amener à entrer progressivement dans un schéma relationnel de type soumission, qu'il reproduit à l'âge adulte auprès de « figures parentales », en milieu professionnel ou ailleurs. Une variante de cette crainte, quand l'admiration s'en mêle, peut être aussi de ne jamais être capable d'atteindre plus tard le niveau parental idéalisé. Se faire un prénom est parfois plus difficile que de se faire un nom !

Autant de peurs non dites, enfouies, éventuellement génératrices de trac dans les actes quotidiens, personnels ou relationnels. Combien de gens inquiets se surpassent ainsi chaque jour dans leur travail pour contenter un patron ou une patronne (père ou mère intériorisés) qui restent désespérément insensibles aux efforts déployés ? C'est d'ailleurs souvent cette frustration permanente qui, un beau matin, fait prendre conscience aux intéressés de leurs sentiments de substitution et, en quelque sorte, de leurs mauvais investissements depuis l'enfance.

Vous en avez assez de « faire plaisir » à répétition autour de vous pour de bien maigres compliments ? Bravo ! En vous libérant progressivement de cette contrainte ancienne, en apprenant à savoir dire «non» à bon escient, vous allez rompre le cercle vicieux, responsable de votre trac dès que vous êtes amené à établir une relation avec autrui. Surtout, pas de rancœur, le mot rime avec peur ! N'en voulez pas à vos parents, qui ont cru bien faire en vous inculquant leurs principes de vie. Au contraire, sachez pardonner, c'est un généreux moyen d'épanouissement et de sérénité.

c) Les sentiments « élastiques »

Vous connaissez le truc : vous prenez un élastique entre vos mains et vous l'étirez. Si vous lâchez une des extrémités, il se rétracte et vous cingle les doigts. Aïe ! De la même manière, lorsque vous vivez un événement, il peut vous rappeler inconsciemment une circonstance passée, susceptible de vous revenir de plein fouet à l'esprit sous forme d'un sentiment agréable ou, à l'inverse, d'un vague malaise, s'il a été mal vécu. D'où le nom de « sentiment élastique » qu'ont donné les théoriciens de l'Analyse Transactionnelle à cette impression soudaine, non identifiée sur le moment, et pour cause, puisqu'elle survient à votre insu.

Pierre, au volant de sa voiture, roule sur l'autoroute Paris-Lyon, depuis deux bonnes heures ; il se trouve encore à 100 km de chez lui. Il est tendu et de mauvaise humeur, à cause de la pluie battante et des nombreux poids lourds, difficiles à dépasser. De plus, sa radio de bord ne diffuse aucun programme intéressant. Sur toutes les stations, les bavardages des animateurs l'agacent ; de rage, il ferme le récepteur. Alors qu'il traverse le plateau du Morvan et que la pluie crépite de plus belle sur son pare-brise, une grande joie inexplicable l'envahit soudain. Il se met à siffloter puis à chantonner : la-li, la-li la-la !

Pierre s'aperçoit qu'il est machinalement en train de fredonner Chantons sous la pluie, *air de circonstance ! C'est en descendant la grande côte vers Beaune, après le col du Bessey, qu'il se souvient : il a entendu cet air à la radio, deux mois auparavant, au même endroit, avec le même temps pourri ! Il revoit les images du film et le bondissant Gene Kelly sous son parapluie, faisant des claquettes dans les flaques d'eau. Pierre, tout guilleret, bat la mesure sur son volant et oublie l'orage et les camions. Il est maintenant très détendu pour finir son parcours. La musique, même dans la tête, adoucit toujours les mœurs !*

Nicole, secrétaire de direction au lycée de sa ville, est très énervée, inquiète même, à la pensée de recevoir la médaille du travail, cet après-midi à la salle des fêtes. Le trac la saisit quand elle monte sur la scène avec ses collègues et que le maire, tout souriant, lui donne l'accolade traditionnelle. Sa gêne devient angoisse quand, avec sa décoration épinglée sur son corsage, elle descend en tremblant les quelques marches pour regagner la salle. Elle ne comprend pas son anxiété qui, heureusement, s'évapore au sortir de la cérémonie.

C'est dans la soirée, en parlant de ce désagréable incident avec son mari, qu'elle en trouvera la raison. Il y a trente ans, sur cette même scène de la salle des fêtes, Nicole, brillante élève, recevait des mains du directeur de l'école primaire le prix d'excellence, sous forme d'une pile de livres enrubannés. Mais les applaudissements admiratifs de ses camarades se transformèrent soudain en éclats de rire moqueurs quand, emportée par le poids de ses trophées, elle trébucha dans l'escalier… et s'étala de tout son long au bas des marches ! Quel mauvais souvenir !

La réminiscence musicale de Pierre et son allégresse soudaine lui sont bénéfiques. N'effacent-elles pas sa rogne contre la radio et la pluie et sa peur des camions, pour rendre finalement son voyage plus agréable ? Beaucoup plus gênante pour Nicole est cette survivance pénible, à type de peur, laquelle se trouvait bien enfouie dans sa mémoire. Comment se débarrasser de ce sentiment gênant ? En « décrochant l'élastique », c'est-à-dire en identifiant la situation passée qui crée le malaise ; Nicole n'y est parvenue que quelques heures après la cérémonie. L'avantage, toutefois, est qu'elle reviendra sur scène sans appréhension pour recevoir sa prochaine médaille.

C'est évidemment la répétition de cette appréhension, disproportionnée avec la réalité lors d'une situation donnée (dans notre exemple, Nicole n'avait même pas à prendre la parole en public), qui vous donnera l'alerte. Sans devoir forcément envisager une psychanalyse, la technique d'associations d'idées (ici les idées associées de récompense, de scène et de public) peut vous faire remonter à la source. Tout comme un rêve peut aussi faire remonter votre souvenir perturbant à la surface où il éclatera comme une bulle de savon !

Les mauvais sentiments

➢ Nous l'avons tous vérifié : il y a des jours où nous ne nous sentons pas dans notre assiette, où tout nous semble compliqué, où nous redoutons de nous exposer et de nous engager. Et où tout rate ! Il y en a d'autres, heureusement, où nous sommes en pleine euphorie, où tout ce que nous entreprenons paraît facile, sans que nous éprouvions la moindre crainte, et où tout réussit ! Bref, il y a des jours avec trac et des jours sans.

➢ En y regardant de plus près, nous pouvons nous apercevoir que nous sommes beaucoup moins performants lorsque nous nourrissons des sentiments d'antipathie contre notre entourage, et que nous ressassons intérieurement nos petites rancunes :

– Celle-là, elle ne perd rien pour attendre !
– Maintenant, il commence à me gonfler !
– Je lui réserve un chien de ma chienne !

➢ Ces inimitiés accumulées, loin de donner de l'assurance, fragilisent et prédisposent au trac. Vous ne serez pas bien dans votre peau en présentant un exposé en public si, au même moment, vous avez en tête votre rogne contre un voisin de palier bruyant ou le contentieux qui vous oppose à votre garagiste.

➢ Vous savez cloisonner les problèmes ? Parfait ! Vous êtes du genre à les ruminer en permanence ? Alors mieux vaut les régler, autant que possible, avant votre prestation. Et au besoin en vous libérant grâce à un « coup de gueule ». Vous l'avez compris : pour être léger et disponible avant une épreuve, il est préférable de vider votre sac !

d) Souvenirs, souvenirs !

Lorsque l'écrivain Marcel Proust dégustait une madeleine trempée dans du thé, cette friandise faisait ressurgir en lui des souvenirs agréables de son jeune temps. Les personnes, lieux, situations, objets, odeurs, saveurs, etc. sont à même – à la manière de la petite madeleine de Proust devenue la référence du mécanisme – d'activer subitement en nous des sentiments particuliers. Nous insistons sur cet aspect des choses, car il nous montre que le trac, généralement lié à un événement à venir, peut également être généré par un fait passé marquant.

Si vous êtes systématiquement ému en prenant la parole debout devant un groupe assis, essayez de vous souvenir de votre réaction quand le maître vous appelait sur l'estrade, face à vos camarades, pour énumérer les principaux fleuves de France ou réciter une fable de La Fontaine. Il y a peut-être là un élastique à décrocher !

DEUXIEME PARTIE

On se calme !

Prévenir le trac

DANS la première partie de cet ouvrage, nous avons exploré les mécanismes du trac, à savoir : les raisons de son irruption, son mécanisme de fonctionnement, notre éventuelle responsabilité dans sa formation, ses multiples occasions de manifestation et la place primordiale de nos émotions et sentiments dans sa « gestion ».

Cette radiographie du trac nous a également fait découvrir une notion capitale : si nous sommes tous susceptibles d'être confrontés à ce phénomène dans notre vie quotidienne, chacun de nous possède en soi les outils pour le maîtriser. C'est précisément leur inventaire, tant au plan de l'expression orale que corporelle, qui nous a permis de vous indiquer une série de « suggestions » pour le combattre. Ils constituent en fait de véritables techniques antitrac, toutes testées et très efficaces.

Votre démarche serait toutefois incomplète si vous en restiez à la seule maîtrise du trac en situations. En sus d'être pompier (pour les interventions immédiates), il convient que vous deveniez aussi jardinier, dans le but de cultiver votre terrain et de fortifier ses défenses naturelles ! Nous avons souligné que toute prestation est d'autant moins « traquante » qu'elle a pu être auparavant préparée. C'est l'articulation de cette structure préventive qui constitue le fil conducteur des séquences suivantes. Avec une méthodologie physique et psychologique, puis une organisation revisitée de votre temps, nous vous proposons maintenant, en quelque sorte, le deuxième étage de votre boîte à outils « antitrac ». Et par là même, pratiquement, un nouveau mode de vie !

CHAPITRE V

Retrouvez votre corps

COMME dirait M. de La Palice, notre organisme est en fonctionnement pendant toute sa durée de vie ! N'est-ce pas la raison majeure pour bien l'entretenir ?
Avec ces éléments essentiels que sont une bonne alimentation et un repos de qualité. Avec aussi l'exercice physique, qu'il s'agisse de sport, de simples « promenades de santé » dans la nature, ou encore de yoga, dont nous vous proposons l'utilisation de quelques techniques spécifiques.
Ce sont les sujets que nous abordons dans ce chapitre, dans l'intention de vous conduire vers une détente physique et mentale régulière, donc à la maîtrise du trac.

1. Les nutriments essentiels

a) Mangez bien !

« Nous sommes ce que nous mangeons ! » Il y a deux mille ans, les philosophes méditerranéens qui énonçaient cette maxime en étaient déjà très conscients : avant d'être un penseur, l'homme est un corps, qu'il doit entretenir en permanence. *Pas d'esprit sans corps* donc, ce que l'*Homo modernus* a quelque peu oublié ; il maintient en effet trop souvent encore sa tête loin de ses pieds ! *Pas non plus de corps sans nourriture,* à l'évidence. Encore faut-il savoir manger pour vivre, et non... vivre pour manger, comme font certains gourmands, au prix d'un fâcheux surpoids, lourd à trimballer !

Quel rapport avec le trac ? Il est clair que, comme dans un vêtement, vous devez vous sentir à l'aise dans votre corps, pour vivre une bonne relation avec vous-même et les autres. Si un symptôme quelconque vous perturbe, vous avez bien entendu beaucoup de difficultés à être disponible. Allez donc donner une conférence, avec un torticolis ou une rage de dents ! Ces douleurs intempestives engendrent immédiatement en vous l'inconfort et la peur d'une mauvaise prestation... qui majorent votre souffrance. Le cercle vicieux !

Même scénario avec une alimentation mal adaptée. À l'image d'une automobile qui ne peut avoir de bonnes reprises sans un carburant adapté à son moteur, votre capacité de réflexion comme votre expression orale et corporelle risquent de connaître des « ratés » si vos cellules ne sont pas correctement nourries.

C'est bien connu, les Français prennent leur petit déjeuner « sur une jambe » (un café ou un thé, avec deux biscottes à peine beurrées) avant de se précipiter dans le métro, l'autobus ou leur voiture. Résultat : le coup de barre de onze heures étourdit tous les jours, en plein travail, des milliers d'imprudents, qui engloutissent alors une friandise pour ne pas défaillir. Et ce n'est pas le sandwich sur le zinc à treize heures, ni le repas du soir expédié distraitement devant le journal télévisé qui rétablissent leur équilibre biologique ! Ce schéma alimentaire, à peine parodié et représentatif de notre vie trop pressée, malmène notre corps qui, c'est logique, se rebiffe !

Le « mal-manger » : une source de... déboires !

Notre organisme exige pour fonctionner l'apport régulier de diverses substances :

- *Protéines (protides) :* viandes, poissons, œufs.
- *Graisses animales ou végétales (lipides) :* beurre, huile, margarine.
- *Hydrates de carbone (glucides) :* sucre, pain, féculents.
- *Sels minéraux :* calcium, sodium, potassium, magnésium, etc.
- *Vitamines :* A, B, C, D, F, K, présentes dans l'alimentation.
- *Eau* qui, ne l'oublions pas, représente les deux tiers de notre poids !

Leur carence ou leur excès perturbent notre activité cellulaire. En effet, le carburant qui fournit l'énergie permanente nécessaire au corps est le glucose. Élaboré à partir des aliments ingérés, ce dernier (qui est stocké par le foie sous forme de *glycogène*) venant à manquer, la réaction du système nerveux est instantanée : une fatigue et un désordre émotionnel apparaissent. À l'inverse, une alimentation abondante, trop riche et répétée, produit un surplus de glucose sanguin. Non utilisé, il favorise l'apparition de kilos superflus, assortis de maladies éventuelles (diabète, artériosclérose, obésité, dermatoses, etc.). Point n'est besoin d'être un diététicien averti pour comprendre les inconvénients du *mal-manger.*

- Les repas pris à la va-vite, insuffisants et carencés – du type carottes râpées, fruits de saison et café – stressent l'organisme (notamment chez celles ou ceux qui veulent ainsi garder la ligne) en installant une nervosité dommageable. Cette tension constitue en même temps la porte d'entrée du trac et de l'anxiété.
- Les repas lourds, abondants en charcuteries, viandes en sauce, gâteaux à la crème et copieusement arrosés, ballonnent l'estomac, chargent le sang de toxines et prédisposent à l'obésité. Le résultat (maux de tête, nausées et lassitude) ne tarde pas. C'est la « gueule de bois », indisposante et traquante à la fois ! Ces deux situations extrêmes, allant de l'appétit d'oiseau à la grande bouffe, ne sont de toute évidence pas à même de favoriser des prestations relationnelles réussies.

Observer un régime alimentaire : c'est simple !

Sans parler d'une diététique antitrac spécifique, il est certain qu'une bonne hygiène alimentaire permet d'être mieux dans son corps et dans sa tête. Le régime idéal voudrait que nous consommions à chaque repas 60 % de glucides, 25 % de lipides et 15 % de protéines. Les proportions de chaque type d'aliment par rapport au volume global (de l'ordre de quatre, deux et un environ) ont ainsi donné naissance pour les nutritionnistes, à la règle du « 421 ». S'il ne s'agit pas ici d'un jeu, nous pouvons l'interpréter comme une autodiscipline qui déconseille certaines pratiques fantaisistes et repose sur des bases nutritionnelles simples et saines.

Bases nutritionnelles	
À ne pas faire	À faire
– Vous gaver de pommes de terre et de pain (complet ou non). – Accompagner de beurre (cru ou cuit) tous vos plats. – Manger trop souvent de la viande rouge. – Abuser des œufs. – Trop saler vos aliments. – Consommer du sucre blanc à outrance. – Boire à l'excès en mangeant (vin et eau).	– Alterner les légumes frais et secs, les céréales et les pâtes (sucres lents). – Manger souvent du poisson et des fruits de mer. – Privilégier la viande blanche (veau, poulet, pintade). – Consommer des laitages maigres. – Limiter les boissons alcoolisées et boire de l'eau entre les repas (1,5 l/jour). – Modérer la consommation de café et de thé (caféine et bromine suscitent nervosité et… trac). – Supprimer le tabac (c'est un poison, grand destructeur de vitamines).

Autant de recommandations qui, vous le constatez, relèvent largement du bon sens. Il vous invite à préférer les repas légers et à heures fixes, aux « gueuletons » pantagruéliques et interminables.

Le miel et le fiel

Sans remettre en question les causes purement psychologiques du trac, nous voulons insister ici sur sa possible irruption à la suite d'un dérèglement du métabolisme du sucre sanguin.

Ce dernier peut intervenir dans deux cas de figure qui caractérisent l'hypoglycémie :

- ***Premier cas :*** après le repas, le glucose fabriqué par les aliments pénètre dans le sang. Cette hyperglycémie provisoire est aussitôt régulée par l'insuline, hormone qui assure la répartition du glucose entre les divers tissus « demandeurs » de l'organisme. Si, par mauvaise habitude alimentaire il y a, entre les repas, ingestion répétée de sucres dits rapides (surtout de sucre raffiné), la production d'insuline s'accélère, ce qui contraint l'organisme à brûler sans cesse le glucose. Résultat paradoxal : la consommation excessive et permanente de sucre suscite un perpétuel manque de sucre. D'où la sensation de fatigue, les maux de tête, l'anxiété, que le sujet apaise fâcheusement, à longueur de journée... avec des sucreries !

- ***Second cas :*** le trac et l'angoisse engendrés par une situation stressante provoquent, nous le savons, la réaction des glandes surrénales avec une sécrétion d'adrénaline qui élève le taux de sucre dans le sang pour donner l'énergie nécessaire à l'affrontement. Lorsque les circonstances émotionnelles sont répétées, l'adrénaline peut s'épuiser, carence qui déclenche alors mécaniquement une chute du glucose (hypoglycémie). Cette insuffisance chronique de sucre sanguin peut, à son tour, provoquer chez le sujet toute la symptomatologie anxieuse habituelle (du simple vertige aux crampes d'estomac et aux jambes flageolantes). Soyez rassuré, tout rentre dans l'ordre avec la disparition des agents agresseurs.

- ***Moralité :*** si l'émotion préalable à une intervention en public vous donne un « petit creux » passager, préférez toujours le combler avec une portion de gruyère (protéines) plutôt que de recourir au « coup de fouet » trompeur de quelques morceaux de sucre. Ces observations nous confirment à quel point les phénomènes physiques et psychiques sont susceptibles de s'intriquer, en l'occurrence au plan émotionnel[1].

N'oubliez pas de vous alimenter !

Du fait de cette « intimité » entre le corps et l'esprit, il n'est bien entendu pas question de responsabiliser systématiquement l'hypoglycémie dans la survenue du trac, et *vice versa*. Mais nous ne saurions trop vous engager à vous alimenter comme il convient avant toute prestation, c'est-à-dire en prenant un léger dîner la veille, pour passer une bonne nuit, puis un solide petit déjeuner le jour même (qui ne comprendra pas que des glucides !).

Suivant l'heure de votre intervention, vous prévoirez un déjeuner ou un dîner équilibré, absorbé calmement et le plus tôt possible, pour éviter l'inconfort d'une digestion laborieuse pendant votre temps de parole. On ne parle pas bien en public le ventre vide, ni trop plein !

b) Reposez-vous !

Qu'entendons-nous par *repos ?* Toute situation statique qui favorise la détente physique comme psychique et évacue ainsi les crispations et les peurs. Nous pensons, en l'occurrence, à la *relaxation* et au *sommeil.*

Pourquoi les présenter sous notre titre « Les nutriments essentiels » ? Parce que se relaxer et dormir sont deux actes qui régénèrent le corps et l'esprit ; par là, ils les nourrissent, les rechargent en vitalité.

L'un et l'autre méritent donc toute notre attention.

---

1. Voir à ce sujet l'intéressante étude médicale de Pfeiffer, Carl C. & Gonthier, Pierre : *Équilibre psycho-biologique et oligo-aliments : les enseignements du Brain Bio Center de Princeton* (Debard ; 1983).

2. La relaxation : un exercice à double détente

a) Technique de relaxation

Nous avons évoqué dans le deuxième chapitre la méthode de « relaxation minute » proposée par le training autogène du docteur Shultz. C'est une excellente parade au trac avant une prise de parole. Nous vous recommandons ici une relaxation plus en profondeur, qui est à même de vous apporter une détente physique et mentale. Vous pouvez y recourir plusieurs fois par semaine, hors des périodes digestives ; il vous suffit de vous isoler dans un endroit silencieux, sombre et bien ventilé, et d'avoir la possibilité de vous allonger sur un lit.

Étendu sur le dos, loin de tout bruit, vous êtes en tenue décontractée et sans chaussures. Glissez sous votre tête un coussin, si vous le désirez. Suivez maintenant les prescriptions – énoncées lentement et d'une voix sereine, à la première personne – du texte suivant ; vous pouvez l'enregistrer ou le faire enregistrer sur cassette pour l'utiliser ensuite quand vous le désirez.

Je ferme les yeux et je suis calme, très calme…
Je prends conscience de ma position allongée, de mon corps, de mes membres…
Ma nuque, mes épaules, mon dos, mes fesses, mes cuisses, mes mollets, mes talons reposent mollement sur le lit. Mes bras et mes jambes sont légèrement écartés. Les paumes de mes mains sont ouvertes. Je m'enfonce doucement dans le matelas. Je suis bien, très bien…
Je détends mon front, mes sourcils. Je n'ai aucun pli sur le visage, aucune crispation. J'ouvre légèrement la bouche. Je desserre les dents, la mâchoire. J'inspire longuement par le nez et j'expire par la bouche. Je sens l'air passer librement dans le larynx…
Ma nuque est souple, souple…
Mes épaules sont molles. Mon bras droit est mou, ma main droite est molle, mes doigts sont ouverts… Mon bras gauche est mou, ma main gauche est molle, mes doigts sont ouverts… mes deux bras sont souples, souples.

Je respire lentement, profondément. Je sens l'air frais qui gonfle et me rafraîchit les poumons. Je suis calme, tranquille…
Mon estomac, mes intestins, ma vessie sont détendus, lisses…
Mes reins, mes fesses s'enfoncent dans le matelas…
Ma cuisse droite est molle, mon genou droit est mou, mon mollet droit est mou, mon talon droit est mou, ma jambe droite s'enfonce dans le matelas…
Ma cuisse gauche est molle, mon genou gauche est mou, mon mollet gauche est mou, mon talon gauche est mou, ma jambe gauche s'enfonce dans le matelas…
Mes orteils sont détendus, souples…
Tout mon corps est lourd, lourd, lourd… mes muscles sont relâchés… Je suis complètement détendu, détendu, détendu. Je respire calmement, lentement, tranquillement. Je suis bien, très bien…
J'imagine maintenant que je suis allongé sur une plage de sable blanc, sous un cocotier. Le ciel est bleu, limpide. Le soleil brille et un petit vent frais me caresse le visage, l'abdomen, les jambes. Je vois la traînée blanche d'un avion qui passe très haut, sans bruit, au-dessus de moi. Je n'ai aucun souci, aucun problème. Je respire l'air frais… Je suis détendu, serein, heureux…
Je reste ainsi dans ce calme, cette douceur, quelques instants…
Je reviens à présent sur mon lit…
Je reprends le contrôle de mon corps, tranquillement, doucement…
Je respire profondément, calmement…
Je bouge lentement la tête, l'épaule droite, l'épaule gauche, le bras droit, le bras gauche… Je remue les mains, les doigts…
Je bouge les jambes, les pieds, les orteils…
Je remonte lentement les genoux, mes pieds sont bien à plat sur le lit… J'inspire et je vide mes poumons plusieurs fois…
J'ouvre les yeux… Je regarde le plafond… J'étire les bras… J'étire les jambes… Je me dresse sur les coudes… Je redresse le buste… Je m'assois sur le bord du lit un moment.
Je vais à présent me lever, sans mouvements brusques, tranquillement.
Je suis calme, délassé, rechargé, plein de joie et de force intérieures… Je souris…
La séance est terminée.

Une telle séance de relaxation dure généralement de dix à quinze minutes. Il vous est loisible de modifier le texte enregistré à votre guise (vous pouvez le réciter mentalement après l'avoir appris par cœur, mais vous serez plus disponible en l'écoutant au magnétophone). Si vous le souhaitez, accompagnez la séquence de musique ou de sons enregistrés (à vous de choisir, selon votre sensibilité du jour, entre les douces sonorités du xylophone, un chant grégorien, le clapotis d'un lac ou un gazouillis d'oiseaux).

Après l'exercice, détendu, vous ressentirez une grande impression de bien-être, de quiétude (ce sont précisément les effets recherchés). Peut-être éprouverez-vous une irrésistible envie de dormir, surtout en fin d'après-midi ! Il est d'ailleurs tout à fait possible, lors d'une nuit d'insomnie, de trouver le sommeil avec cette méthode.

b) Visualisez !

Nous venons de voir que la relaxation utilise l'*imagination,* grâce à laquelle nous nous sommes évadés un moment vers une plage lointaine. Rappelez-vous, nous avons évoqué cette même imagination dans la première partie de cet ouvrage ; il s'agissait alors d'évacuer la peur de monter en avion, puis d'affronter un jury d'examen. Qui dit *imagination* dit *visualisation,* c'est-à-dire « production de représentations mentales ». Merveilleuse faculté humaine : nous pouvons à volonté, grâce à notre Caméscope interne, filmer des images en noir et blanc ou en couleurs, sonores ou muettes, et les projeter instantanément sur notre écran mental. Et ce, tout en nous reposant !

Norbert est avocat. Cet après-midi, il doit plaider au tribunal d'instance où André, son client qui a été surpris à 200 km à l'heure sur l'autoroute, risque une sévère condamnation. Notre homme de robe, vétéran des prétoires, est malgré tout tendu et, c'est le cas de le dire, trac... assé par ce dossier. Il sait qu'il est parfois plus facile de sauver un cambrioleur de la prison que le permis d'un conducteur pressé exposé à la froide machine administrative !

Deux heures avant sa plaidoirie, Norbert ferme les persiennes de son bureau, s'allonge sur le canapé, et s'offre une séance de relaxation, comme il en a l'habitude. Pas de musique, pas de bruits aquatiques, lui préfère le silence total. Dès qu'il est détendu, il visualise sa plaidoirie.

Il se voit dans sa robe, marchant de long en large, devant le président attentif et son client inquiet, la tête basse. Il décide alors de jouer, pourquoi pas, la carte de la vérité. Il s'entend expliquer avec passion combien son client avait hâte de retrouver son épouse, hospitalisée d'urgence pour un accouchement très difficile. Combien il était tourmenté par le drame en train de se jouer. Allait-il voir sa femme et son enfant vivants ? Oui, grâce à Dieu, la maman et le bébé ont pu être sauvés ! Monsieur le président, c'est un heureux papa qui est là devant nous aujourd'hui, mais aussi un homme conscient et repentant de son excès de vitesse...

Norbert se présente au Palais, décontracté et souriant. En enfilant sa robe, il sent qu'il « tient » sa plaidoirie. Et le moment venu, avec effets de manche aux bons endroits, il déroule le film créé pendant sa relaxation. Le président tiraille sa barbe, plus ému qu'il ne veut le montrer, et le contrevenant, inquiet et nerveux sur son banc, essuie une larme. Verdict : un mois d'interdiction de conduite pour André. Avec cette peine finalement légère, celui-ci revoit la vie... couleur permis !

c) *La réussite est dans votre tête !*

Si on la compare au rêve – qui est une représentation mentale passive, dans laquelle la volonté n'intervient pas –, la visualisation est consciente, et centrée sur le résultat positif que l'on veut obtenir. Elle est ainsi à considérer comme une véritable technique que l'on peut utiliser au quotidien. Non seulement elle permet d'évacuer ses peurs, mais elle est créative, en favorisant l'idéation lors de la simulation de l'acte à venir, qu'il s'agisse de réussir une plaidoirie, un entretien d'embauche ou une performance sportive.

L'Institut de neurologie de Londres vient de démontrer que la visualisation était bien plus qu'un truc pour mieux se concentrer. En effet, nous disposons dans notre cerveau des « zones de répétition », situées autour d'une zone centrale spécifique qui entre en jeu lors de l'exécution effective de l'action[2]. Enfin, outre cet « entraînement mental », la visualisation permet une véritable recharge en énergie.

3. Le sommeil, grand secret de la forme

Vous l'avez remarqué : si vous avez veillé tard ou si vous avez mal dormi, vous n'êtes pas « dans votre assiette » au réveil. Malgré un bon café au petit déjeuner, vous êtes somnolent une bonne partie de la matinée, vous avez froid et les idées brumeuses le reste de la journée. Vous n'êtes bon à rien, sans entrain, irritable, pessimiste, craintif même ; bref, vous vivez une journée au ralenti. « Vivement ce soir qu'on se couche », ne cessez-vous de vous répéter, en bâillant, en vous frottant les yeux et en pensant à votre lit !

En revanche, passez une bonne nuit, c'est-à-dire couchez-vous avant minuit pour dormir sept à huit heures du sommeil du « juste », vous vous levez alors le lendemain matin frais et rose, de charmante humeur, la tête pleine d'idées... comme on dit, vous êtes prêt à abattre des montagnes !

Pourquoi cette excellente forme et cette joie de vivre ? Parce que le sommeil, état fonctionnel de l'organisme, est réparateur. Ne passons-nous pas un tiers de notre vie à dormir ? Quiconque voudrait échapper à cette obligation impérative ne le pourrait pas longtemps ; en effet, au-delà de cinq jours sans dormir, surviennent des troubles graves pouvant, semble-t-il, aboutir à la mort.

Il est intéressant de rappeler qu'un sommeil de bonne qualité :

- Facilite le métabolisme (processus d'échanges dans l'organisme).
- Détend la musculature.
- Élimine les toxines et la fatigue physique.
- Renouvelle l'énergie.

En outre, au plan psychique, le fait de « dormir comme un bébé » garantit généralement la vigilance et la quiétude, alliées à un bon fonctionnement intellectuel (perception, jugement, mémoire). On

2. Cf. *Journal of Neuroscience* (janvier 1995) et *Le Nouvel Observateur* (p. 61 ; 26 janvier 1995).

La voix du silence

➢ La solitude fait souvent peur, bien qu'elle puisse constituer, par un judicieux retour sur soi, une source d'expression de nous-même et de liberté.

➢ Le silence aussi, à sa façon, peut nous effrayer. Dans notre société de bruits, de clameurs et d'incessantes agitations, où les tambours médiatiques nous convoquent à heures fixes devant nos récepteurs de radio et de télévision, c'est vrai, le silence brutal, inattendu, peut nous surprendre, et parfois devenir insupportable ! De fait, il nous renvoie à notre personne, alors que la société tout entière, à l'ère de la communication, nous dirige au contraire à toute force vers les autres. Nous retrouver seul, par le biais de la *relaxation,* du *demi-sommeil* comme du *sommeil,* nous laisse le loisir de partir à la rencontre de notre « moi » profond, nous expose à approcher notre mystérieux inconscient, ce double invisible, imprévisible et sans voix, cet inconnu si présent… « Plus je m'étourdirai en compagnie des autres, plus les nuits seront courtes, moins je prendrai de risques face à ce moi-même inquiétant », nous dit notre peur trompeuse. Pourtant, si pendant ces moments privilégiés de solitude décidée, nous voulons bien nous mettre à l'écoute de notre silence, il nous parlera. Par sa voix calme, paisible, nous entendrons s'exprimer nos propres sentiments, nos demandes. Nous découvrirons nos vraies ressources et nous nous sentirons guidé vers nos actions, sans trac ni anxiété.

➢ Parce que le silence peut être à la fois une voix… et la voie !

constate également un désir de «bouger», d'entreprendre, et une ouverture à la relation avec autrui, autant de dispositions qui sont défaillantes quand la nuit a été mauvaise !

Et puis le sommeil est le temps du rêve (nous passons un cinquième de nos nuits à rêver). Des expériences en laboratoire ont permis d'établir qu'un individu empêché de rêver se montrait, au réveil, épuisé et angoissé. D'après Freud, dont la théorie n'a guère été remise en question, le rêve nous permettrait d'évacuer la nuit les frustrations, les manques et les peurs de notre vie diurne.

Nous revenons ici au trac, puisqu'un mauvais sommeil ou une nuit écourtée engendrent la nervosité, le doute, une crainte diffuse. Comment, en effet, espérer être performant, quand vous êtes saisi d'une sorte de «viscosité mentale»? C'est clair, comme il faut une alimentation adaptée, pas de bonnes prestations possibles, quelles qu'elles soient, sans une bonne nuit préalable.

Notre suggestion

➠ Se mettre au lit est une chose, s'endormir en est une autre ! Il est certain que si vous vous couchez depuis des années à une ou deux heures du matin, une «rééducation» s'imposera quand vous vous présenterez plus tôt devant Morphée !

➠ Un repas léger le soir, pas de café, d'alcool ou de tabac, si possible pas de contrariétés.

➠ À vous de chercher ensuite ce qui vous convient le mieux parmi les «endormisseurs» classiques : une marche digestive, une douche, une séance de relaxation, quelques pages de lecture ou... un mauvais film à la télé (ça existe) !

4. L'exercice physique

a) Faites du sport !

Il n'est pas étonnant que les Grecs anciens, qui portaient au corps un véritable culte, comme en témoignent les magnifiques statues qu'ils nous ont laissées, soient les inventeurs des «jeux du stade».

Bien loin de ces précurseurs, l'homme moderne, ébloui par l'ère industrielle naissante, a, durant les premières décennies du XXe siècle, privilégié sa pensée au détriment de son corps. Ce dernier était ignoré, camouflé sous les vêtements. Heureusement, à partir de 1936, les congés payés emportèrent les familles dans les « trains du plaisir », vers les galets du Tréport. Parents en canotiers et enfants en cols marins y apprirent à se « découvrir » (en commençant prudemment par les bras et les jambes), pour goûter les joies de l'eau et du cerf-volant. Et c'est ainsi que, du costume de bain en maillot rayé, puis du short en « jogging » et aux chaussures sur coussins d'air, nombre de citadins ont enfin retrouvé, avec leur corps, sinon le chemin élitiste d'Olympie, au moins celui de la nature… quand ils veulent bien abandonner quelques heures leur voiture ou leur poste de télévision !

On pense généralement que le mot « sport » est d'origine anglaise ; ce n'est qu'à moitié vrai, puisque nos voisins d'outre-Manche l'ont tiré du vocable *desport* (signifiant *jeu, amusement,* en vieux français) pour désigner, entre autres, les jeux de criquet et de badminton. C'est cet aspect ludique du sport, considéré comme un effort physique consenti dans un but de détente, que nous aborderons ici, et non la compétition. L'affrontement entre adversaires et la désignation d'un vainqueur ne sont pas dans notre propos. « L'important n'est pas de gagner, mais de participer », disait lui-même Pierre de Coubertin, initiateur des jeux Olympiques modernes.

Nous vous avons conseillé, au début de cet ouvrage, de vous livrer ponctuellement à quelques exercices physiques avant une prise de parole en public, pour vous décontracter, ainsi que le font certains acteurs. Cela ne vous dispense pas d'entretenir votre corps par une pratique sportive régulière. Chacun est, bien sûr, libre du choix de sa discipline, en fonction de ses goûts, de son âge et du temps dont il dispose ; nous vous recommandons toutefois quatre activités sportives qui ont fait leurs preuves en matière de détente physique et mentale. Il s'agit de la marche, de la course à pied, de la bicyclette et de la natation. Bien évidemment, ces disciplines sont à exercer sans rechercher la performance et surtout sans dépasser ses possibilités. Si vous n'avez pratiqué aucune d'entre elles jusqu'à maintenant, nous vous engageons à consulter votre médecin avant de vous lancer dans une activité de manière suivie. Il pourra vous conseiller utilement quant au sport – ou aux sports – à aborder, surtout si vous êtes novice en la matière. Pour en revenir aux quatre disciplines citées plus haut, avant de signaler quels sont leurs effets bénéfiques sur le trac, notons que, comme toutes les activités demandant un effort musculaire prolongé, elles ont pour intérêt commun :

- D'améliorer l'amplitude respiratoire et l'oxygénation de l'organisme.
- De ralentir le rythme cardiaque, après un certain temps de pratique.
- De développer la musculature qui produit davantage d'énergie.
- D'ouvrir l'appétit et de diminuer certaines tentations (alcool, tabac).
- De stimuler la sécrétion cérébrale des endorphines précitées (ou endomorphines), substances antalgiques qui provoquent notamment une sensation d'euphorie après l'effort.

Autant de facteurs qui réduisent le stress et le trac, induisent un bon sommeil et apportent la joie de vivre !

La marche : la meilleure façon de prendre son pied !

En sortant de la caverne de Cro-Magnon, nous nous sommes redressés pour mieux voir et nous mouvoir. La forme de notre front, la position de notre nez, le balancement même de nos bras indiquent toujours, aujourd'hui, que nous sommes faits pour aller de l'avant, et donc pour marcher ! Or, toutes les sommités médicales s'accordent pour constater que, motorisés et... paresseux que nous sommes devenus, nous ne marchons plus assez. Cette sédentarité nous empêche de brûler nos lipides en excès et nous expose aux maladies cardio-vasculaires, ces fléaux modernes.

Sachez retrouver les trottoirs et les escaliers, les sentiers et les routes de campagne ! Du tour de votre quartier à la traversée de votre ville, de la balade en forêt à la randonnée, vous découvrirez vite les circuits qui vous conviennent. Nous ne parlons pas ici de marche athlétique ; vous ne vous entraînez pas pour le « Colmar-

Paris » ! Il ne s'agit surtout pas, dans le cadre de notre approche, de vous inciter à vous déhancher en force mais, tout au contraire, de vous engager à vous promener tranquillement. Si vous le pouvez, marchez plusieurs fois par semaine (une heure par jour en moyenne, recommandent les médecins sportifs) en abandonnant métro, autobus et voiture. Celle-ci n'est pas toujours nécessaire pour aller acheter une baguette de pain !

Comme il n'est pas possible d'« engranger » des heures de sommeil, on ne peut stocker des kilomètres de marche, sport qu'il faut ainsi pratiquer très souvent. Cette notion d'entraînement est d'ailleurs valable pour toutes les activités physiques. Marcher, c'est par excellence maintenir votre corps en fonctionnement, mais c'est aussi mettre votre esprit en veilleuse, « décompresser » pour employer un terme à la mode, ou « tuer vos nerfs » comme disaient nos aînés ! S'il vous est loisible de quitter la ville, « vos marches » seront encore plus relaxantes et vous aideront à prévenir le trac. Avancer dans les senteurs d'un sous-bois, déboucher dans une clairière inattendue, observer la cime des arbres et le vol des oiseaux, atteindre le haut d'une colline pour y photographier un sublime coucher de soleil, c'est, à coup sûr, communier avec votre environnement et trouver le calme, la paix intérieure. Un autre intérêt de la « marche plaisir », et non des moindres : on peut la pratiquer en groupe, notamment la randonnée (5, 10 ou 20 km, selon vos capacités). Comme elle ne coupe pas le souffle, elle vous permet de parler avec vos compagnons ; bien souvent, le dialogue, le rire, le jeu (sans enjeu), en un mot la convivialité authentique s'installent. Pendant que le corps s'oxygène en liberté, se noue ainsi un échange qui renforce l'assurance, la maîtrise de soi, et qui donne aux « réservés » comme aux timides, la joie et l'habitude du contact. Vous avez l'embarras du choix des parcours : il y a plus de 100 000 km de sentiers de randonnée en France [(3)] !

3. Vous en saurez plus sur la marche et ses techniques en vous reportant à l'ouvrage de Joseph Klatzmann : *La Marche pour être en forme* (Marabout ; 1993).

La course à pied : courez à votre main !

Il est difficile de vanter les bienfaits de la marche sans évoquer ceux de son complément naturel, la course à pied. Nous voulons parler ici du *footing* ou du *jogging*. Empressons-nous de traduire ces anglicismes par l'expression « course à allure libre », plus descriptive il est vrai, et pour ne pas encourir les foudres des défenseurs de la langue française !

Répétons ici notre conseil de prendre l'avis d'un médecin avant de vous lancer dans une telle activité. Si vous êtes déclaré apte, qu'apportera la course à pied à votre organisme ? Comme la marche, elle vous assurera une plus large oxygénation, laquelle, en dilatant les vaisseaux, favorise une meilleure circulation sanguine. Ce bénéfice, qui rend l'appareil cardio-vasculaire plus performant et résistant, caractérise, nous l'avons vu, tous les sports d'endurance. Notons qu'à long terme, le cœur du coureur bien entraîné bat moins vite (il peut descendre à quarante pulsations à la minute chez le sportif contre soixante à cent pour un non-sportif). Notre propos est toutefois de vous recommander un entraînement sage, à votre rythme. Pour commencer, vous pouvez parfaitement combiner marche et course, par séquences de 100, 200 ou 500 m sur un parcours de 5 km, par exemple. Vous augmenterez progressivement cette distance à 10 km et plus, si vous le souhaitez, quand vous serez bien rodé. Nous sommes loin des courses menées à train d'enfer, comme le cross du *Figaro*, le Paris-Versailles ou le terrible marathon de New York... Notre objectif reste en effet la détente, le repos du corps et de l'esprit, suivis d'une saine fatigue qui favorise un bon sommeil. Ce bien-être, cette plénitude corporelle et mentale, vous pouvez très bien y accéder sans couvrir la distance légendaire de 42 km 195 ! Et ne vous imposez pas non plus de marcher ou de courir par grand froid, sous une pluie battante ou un soleil torride. Revenir chez soi avec une bronchite, une insolation ou les membres raidis et douloureux ne plaide guère en faveur du sport !

En vous entraînant régulièrement (dans la verdure de préférence) sans dépasser vos capacités, légèrement vêtu et bien chaussé (chaussures confortables à semelles amortissantes, chaussettes en coton), vous conserverez la forme et renforcerez votre confiance en vous dans vos relations quotidiennes. C'est le propre des sports d'endurance, même pratiqués à un rythme « pépère », que de réduire l'appréhension et le trac. Si vous êtes capable de courir et de marcher une matinée dans les bois, vous serez à même le lendemain, l'humeur gaie, les membres assouplis et les poumons rafraîchis, de prendre la parole en public avec assurance.

La bicyclette : une question d'équilibre !

« La bicyclette est la botte de sept lieues du piéton ! » Jacques Faizant, dessinateur humoristique mais aussi infatigable cyclotouriste qui sillonne toutes les routes de France, définit parfaitement la « petite reine » par cette formule. Existe-t-il un moyen de locomotion plus simple (même s'il est composé de quelque mille cinq cents pièces !), plus fonctionnel et plus agréable que la bicyclette ? Ne permet-elle pas à l'homme de se déplacer trois à quatre fois plus vite qu'à pied, en silence, sans pollution aucune et sans effort excessif ? Là encore, nous ne parlerons pas de compétitions qui voient les coureurs réaliser des performances à plus de 50 km à l'heure. D'ailleurs, dès que l'on aborde ce domaine, il ne s'agit plus de « bicyclette », mais de « vélo » – la nuance est importante pour les puristes.

Autre avantage technique de la bicyclette : elle constitue une activité physique « assise ». Les membres inférieurs, ainsi libérés de leur fonction de portage du corps, sont complètement disponibles pour assurer pédalage et progression. Nous retrouvons les mêmes bienfaits, souvent amplifiés, qu'avec la marche et la course à pied : la ventilation pulmonaire augmente (la capacité respiratoire des champions dépasse fréquemment 7 l, contre 4 l pour un non-sportif), le muscle cardiaque se développe (cœur plus gros = organisme mieux irrigué) et ses battements ralentissent (rendement accru et économie d'énergie). De plus, la musculature devient plus puissante, la digestion est facilitée (sous réserve de bien s'alimenter) et les toxines rapidement éliminées. Le cyclisme de promenade – ou de plaisance, comme le nomme joliment Jean Bobet, le frère de Louison – ajoute à tous ces bienfaits physiques de nombreux plaisirs, dont le contact avec la nature et la découverte de nouveaux paysages. N'oublions pas, au plan humain, l'amitié, la solidarité et l'humour traditionnel des « cyclards », qui sont bien connus.

Nous ne pouvons manquer d'ajouter à cette liste les vertus tonifiantes pour le psychisme qu'apporte la pratique régulière de la bicyclette. L'effort nécessaire pour monter les côtes (à sa main, toujours !) comme la vigilance sans cesse sollicitée (état de la route, descentes, carrefours, véhicules) renforcent à la longue la volonté, aiguisent l'attention et développent le contrôle personnel et la confiance en soi.

Nous sommes également persuadés que le goût de l'effort acquis à bicyclette facilite les actes de la vie courante. En clair, nous affirmons, par expérience personnelle, que la pratique (raisonnable et elle aussi médicalement surveillée) de cette discipline rend les tâches plus légères et procure davantage d'aisance dans les épreuves relationnelles. Simplicité, modestie, humilité, patience, discipline (attention à la fringale), équilibre (mental et sur deux roues !) sont, au fil des kilomètres, autant de vertus qu'apprend le cycliste. À bien y regarder, chacune d'entre elles est apaisante à sa manière et constitue un antitrac au quotidien.

La natation : jetez-vous à l'eau !

Alors que l'histoire de l'homme est liée à l'eau, nous ne pensons pas forcément, en dehors de nos rapides ablutions quotidiennes, à nous y plonger, au vrai sens du terme. Pourtant, nous devons à la mer, dans une large mesure, la redécouverte de notre corps et le développement de tous les sports actuels !

Certes, nous n'avons pas tous la chance d'habiter une région côtière, qui plus est ensoleillée, invitant aux bains fréquents. Et puis, il faut le dire, l'eau fait encore peur, non seulement à ceux qui ne savent pas nager, mais à bon nombre d'individus qui préfèrent rester les deux pieds sur la terre ferme. Quel dommage !

Ami lecteur, nous espérons que vous aimez l'eau – ou êtes décidé à vous y acclimater – et que si vous n'avez pas appris à nager, vous allez vous y mettre très vite (on peut apprendre à tout âge avec un bon moniteur). Il y a certainement, non loin de chez vous, à défaut de la mer, une piscine, voire une rivière accueillante et tempérée.

À condition qu'elle ne vous soit pas contre-indiquée (demandez comme pour les autres sports l'avis de votre médecin), la natation est un des exercices « portés » les plus relaxants qui soient, en raison des facteurs suivants :

- La position allongée qu'elle implique soulage le travail de la pompe cardiaque.
- L'activité respiratoire profonde s'exerce régulièrement et sans heurts.
- L'absence quasi totale de pesanteur allège les membres et facilite leurs mouvements.

De plus, un minimum de force musculaire étant exigé, tout le monde peut entrer dans l'eau et nager, du tout jeune âge au plus avancé. En ce qui concerne les effets de la natation sur le trac, l'eau, qu'elle soit douce ou salée, procure un merveilleux délassement car elle dénoue les contractures physiques et mentales. Elle apporte aussi... cette bonne fatigue dont nous parlions plus haut, qui à la fois tonifie et prédispose à un sommeil de qualité. Comme pour les autres sports, les bienfaits de la natation ne sont toutefois effectifs que si un temps suffisant lui est consacré. Alors que certains font quotidiennement, en pédalant ou en courant, le tour de leur parc municipal avant de partir travailler, d'autres éprouvent le besoin de nager 50 m ou plus tous les matins, pour « attaquer » sans crainte leur journée. À vous de trouver votre rythme, avec quelques longueurs de bassin une ou plusieurs fois par semaine. Les « traqueurs » et les anxieux oublieront dans l'eau craintes et soucis.

Une autre particularité bénéfique : la natation exigeant une coordination permanente de mouvements, les nageurs se concentrent sur leurs membres et leur respiration... et ne pensent guère à autre chose pendant leur entraînement. Au diable donc les tensions du moment, la peur de l'autre, la panique de l'examen... elles se dissolvent dans l'eau !

Marche, course à pied, bicyclette, natation, nous venons de passer en revue les qualités aussi vivifiantes qu'apaisantes de quatre sports, dans leur version « promenade de santé ». Bien entendu, libre à vous de prévenir le trac en jouant au tennis, au football, au rugby, ou en effectuant un parcours de golf.

Il existe plus de quatre-vingts sports recensés, vous avez donc le choix ! L'important est de faire bouger les quelque six cents muscles qui composent et actionnent votre corps. Mieux vous saurez les utiliser, plus il vous en sera reconnaissant.

Nous espérons vous avoir convaincu de l'intérêt du sport, véritable thérapie contre le trac, qui vous permet d'être plus à l'aise et confiant dans vos activités et vos rapports aux autres grâce à la maîtrise de votre expression orale et corporelle. « Plus le corps est faible, plus il commande. Plus il est fort, plus il obéit », fait justement remarquer le journaliste sportif Michel Delore[4].

b) Harmonisez corps et mental

La respiration, indispensable aux échanges de l'organisme et donc au bon fonctionnement musculaire, est aussi essentielle au bon fonctionnement du mental. Si, par suite d'une mauvaise oxygénation, le cerveau est mal irrigué, l'idéation se fait moins bien, l'émotivité s'installe... et le trac aussi ! D'où l'intérêt d'une bonne amplitude respiratoire, obtenue et entretenue par un exercice physique régulier. Depuis plusieurs millénaires, la philosophie brahmanique connaît l'importance du souffle et enseigne l'*art de respirer*. On en retrouve

4. Dans : *La Condition physique du sportif et de l'homme moderne* (Amphora ; 1975).

tous les bienfaits dans la pratique du yoga, cette discipline à la fois corporelle et spirituelle qui « s'ouvre sur les chemins de la connaissance ». (À noter que « yoga » signifie « relier » en sanskrit, c'est-à-dire précisément « union du corps et de l'esprit ».)

Il nous a paru avisé d'inclure dans cet ouvrage quelques pages sur le yoga, « méthode de libération des émotions », qui a fait largement ses preuves, et dont les effets sur le trac sont remarquables. Pour ce faire, nous laissons la parole à Monique Calecki [5], ancienne élève de l'École française de yoga, spécialiste en la matière.

Trac et yoga

Palpitations, souffle coupé, plexus solaire noué, système digestif perturbé, nous avons tous éprouvé ces troubles. Le yoga peut-il remédier à cet état de trac, voire d'angoisse et de stress ? La réponse est oui, sans hésitation. Toutefois, cette discipline ne se prescrit pas comme une pilule. C'est au prix d'une pratique prolongée et régulière qu'elle sera bénéfique au corps et au psychisme. Si l'on peut commencer le yoga à tout âge, notons qu'il est excellent d'initier très tôt les enfants à cette technique millénaire, par des exercices adaptés à leurs capacités. Ils y trouveront un équilibre et une harmonie qui les prémuniront à l'âge adulte contre les tensions de l'existence.

En cas de trac, le yoga propose des remèdes naturels, à la fois préventifs et curatifs. Il s'agit de la respiration contrôlée *et de* la maîtrise des tensions musculaires *dont nous vous présentons ci-dessous les techniques de base.*

Nous évoquerons ensuite le do-in *(« harmonie en soi »), parfois qualifié de « mini-yoga ».*

5. Directrice d'école, Monique Calecki est co-auteur (avec Monique Thévenet) de l'ouvrage : *Techniques de bien-être pour les enfants, expression corporelle* (Armand Colin ; 1988).

➾ **La respiration contrôlée** : *la manière dont nous respirons dresse le bilan permanent du climat émotionnel dans lequel nous nous trouvons. Or, si les émotions influencent le souffle, inversement, le souffle contrôlé modifie les émotions. En respirant, nous inhalons l'oxygène de l'air et nous rejetons les gaz toxiques. Si nous nous trouvons dans un état émotionnel modifié (soumis au trac, précisément), nous allons « sous-respirer ». L'expression « j'en ai le souffle coupé » est éloquente à cet égard. Le volume d'air inspiré et assimilé ne comblera pas les besoins physiologiques, induisant un état de sous-oxygénation dont les répercussions se feront sentir dans tout l'organisme. (Notons ici qu'il est possible de rester huit jours sans manger, deux jours sans boire, mais seulement quelques secondes sans respirer !)*
Il faudra alors rétablir mécaniquement l'équilibre pour compenser le déficit respiratoire. Pour cela, le plus simple des exercices est le soupir. Il s'agit en fait d'une expiration profonde. La technique s'appuie sur le bon sens : quand nous sommes soulagés, nous soupirons ; à l'inverse, le fait de soupirer soulage. Ainsi, trois ou quatre soupirs bien appuyés sont souvent d'une grande efficacité pour réduire le stress.

➾ **La respiration consciente** : *respirez lentement, en pensant : « J'inspire, j'expire, etc. ».*
Vous pouvez également compter vos respirations (1. j'inspire, 2. j'expire, 3. j'inspire, 4. j'expire, 5. j'inspire, etc.). La légende yogi dit qu'à notre naissance, il nous est attribué un nombre donné de respirations pour notre vie. Nous avons donc tout intérêt à en ralentir le rythme !
Après deux ou trois minutes d'exercice, respirez plus profondément ; ralentissez et prolongez l'expiration par rapport à l'inspiration.
Efforcez-vous de respirer « par le ventre » (respiration dite abdominale), afin de décongestionner le plexus solaire et de masser les organes abdominaux.
La respiration abdominale agit d'une manière sédative, en neutralisant les tensions. L'expression populaire « la peur vous prend aux tripes » est, là encore, révélatrice.

➻ **La respiration yogique complète** *(ou respiration à trois étages) : c'est un exercice classique de yoga ; il s'agit ici d'une respiration ralentie, amplifiée et analysée. Cette technique met tout l'appareil respiratoire en action.*
– Effectuez une expiration aussi profonde que possible, suivie d'un arrêt respiratoire de quelques secondes, à poumons vides.
– Inspirez en gonflant d'abord le ventre, puis le thorax, et enfin la partie haute des poumons, celle qui se trouve sous les clavicules. Observez à nouveau un arrêt respiratoire, à poumons pleins cette fois, pendant quelques secondes, avant d'expirer.
– Recommencez autant de fois que vous le souhaitez.
Ces exercices peuvent être pratiqués isolément ou non.

➻ **La maîtrise des tensions musculaires** *: la décontraction musculaire du corps et du visage provoque également un état de calme, de paix intérieure et de neutralité émotive. Les circonstances ne permettent pas toujours de s'allonger afin de pratiquer dans les meilleures conditions une relaxation musculaire du corps. Nous allons donc nous limiter à la décontraction du visage et de la gorge, praticable à tout moment, en toutes circonstances.*
Comment décontracter le visage ? En le neutralisant, c'est-à-dire en lui donnant une expression aussi dénuée de signification émotive que possible. Pour cela, vous allez vous « intérioriser » dans les différentes parties de votre visage.
– Les lèvres : les émotions s'y reflètent facilement. Détendez vos lèvres, desserrez-les, prenez conscience du léger contact entre la lèvre supérieure et la lèvre inférieure. Esquissez un sourire naissant.
– Les mâchoires : c'est l'endroit de prédilection où se manifeste le trac, l'anxiété, la colère (l'expression « serrer les dents » est éloquente). Desserrez vos mâchoires, vos dents se touchant à peine.
– Le front : les tensions se lisent parfaitement dans ses plis. Imaginez une ligne tracée au milieu de votre front, de haut en bas. De part et d'autre, de façon symétrique, effacez mentalement toute contraction ; lissez votre front sur toute sa surface.
– Les yeux : prenez conscience de vos paupières. Si possible, fermez-les légèrement, sans les serrer. Elles doivent à peine se toucher. Puis faites rouler vos globes oculaires dans leurs orbites, plusieurs

fois, d'un mouvement lent et continu, de droite à gauche, puis de gauche à droite.
– Les joues : investissez mentalement vos joues, videz-les de leur tonus, de leur expression. Elles doivent devenir flasques.
– La gorge et le cou : ce sont les lieux privilégiés des contractions inconscientes (« J'ai la gorge serrée », dit-on parfois). Bâillez à plusieurs reprises (trois bâillements valent un quart d'heure de sieste). Avalez volontairement votre salive. Effectuez quelques rotations lentes de la tête, de la droite vers la gauche, puis de la gauche vers la droite.
– Recommencez deux ou trois fois cette reconnaissance des différentes parties de votre visage et de votre cou. Ensuite, prenez conscience de l'ensemble de votre « masque » décontracté.
Pratiquez ces exercices le soir avant de dormir, notamment à la veille d'une épreuve. Vous sentirez une vague de paix et de bien-être vous envahir.

➻ **Une technique différente, le do-in :** *pour neutraliser le trac et les effets du stress, il existe une autre technique moins connue que le yoga, très efficace et d'une grande simplicité : le* do-in. *Il s'agit d'un massage qui se pratique individuellement, sur soi-même. Il consiste à réguler ce que les médecins acupuncteurs appellent « les méridiens », endroits privilégiés de la circulation d'énergie dans le corps. Les tensions musculaires se réduisent, le système nerveux s'équilibre, le calme intérieur se rétablit.*
Cette technique peut être pratiquée par les enfants (qui, en grandissant, subissent également le trac). Ils en éprouvent un grand plaisir, sont heureux de partager cette activité avec leurs parents, et améliorent souvent ainsi leurs résultats scolaires[6].

Monique Calecki.

6. Calecki, Monique & Thévenet, Monique : *Do-in et massages pour enfants* (Chiron ; 2000).

La panne des sens

➢ En explorant les moyens d'obtenir une bonne condition physique et par là un bon équilibre psychique, ne venons-nous pas de prendre conscience des extraordinaires ressources de notre corps ? S'il est capable de s'adapter à la plupart des situations auxquelles nous sommes exposés grâce aux « capteurs » de notre système émotionnel, il nous apporte aussi en permanence des informations sur notre environnement, par l'intermédiaire de nos cinq sens. Ce constat peut sembler évident. Pourtant, comment utilisons-nous aujourd'hui ces cinq précieuses fonctions psycho-physiologiques ? Nos facultés sensitives, trop souvent déléguées à des robots, ne se sont-elles pas quelque peu émoussées ? Profitons-nous vraiment de leurs vertus euphorisantes et apaisantes pour le corps et l'esprit ?

➢ Ce ne sont ni les hamburgers ni les « poissons carrés » surgelés, mais la variété de notre alimentation qui flatte notre goût, qui entretient notre plaisir de manger et contribue à notre bonheur d'être et de communiquer. C'est la vue d'une verte campagne qui nous détend et celle d'un ciel bleu et ensoleillé qui nous tonifie, comme les senteurs des foins coupés ou d'une brise marine enchantent toujours notre odorat. C'est encore le plaisir du toucher qui nous fait caresser un animal, effleurer la patine d'un bois ou palper une étoffe soyeuse. C'est bien sûr grâce à notre ouïe que nous rêvons avec *Les Quatre Saisons* de Vivaldi. C'est aussi grâce à notre oreille que nous pourrons dès demain nous inscrire à un club de danse, nous lancer dans l'apprentissage d'un instrument à vent, ou découvrir les joies du chant choral. Autant d'activités conviviales, souveraines pour la respiration, qui chassent le trac et redonneront leur sens… à nos sens !

CHAPITRE VI

Soyez positif !

L'OPTIMISME est un état d'esprit, une faculté de dire « oui » plutôt que « non », qui prédispose à la réussite. Il est sûr qu'une vision du monde positive engendre beaucoup moins le trac qu'un comportement sans cesse négatif, générateur de sinistrose.
Or, l'optimisme, ça s'entretient ! Vous découvrirez ou redécouvrirez dans ce chapitre les bienfaits de l'apaisante méthode « Coué », cette incomprise. Vous vous familiariserez aussi avec les « positions de vie » définies par l'Analyse Transactionnelle (A.T.), ainsi qu'avec la Programmation neurolinguistique (P.N.L.), deux modèles de communication qui vous permettront d'optimiser vos relations et de trouver en vous-même les ressources conduisant à la sérénité.
Autant d'outils éprouvés pour mieux contrôler votre système émotionnel.

1. Le comportement affirmatif

a) Pensez oui !

C'est un fait : le doute et le trac surgissent plus facilement si nous avons au préalable une vision négative de la situation à affronter. Dès le début de ce siècle, le célèbre pharmacien Émile Coué a précisément mis en lumière le fait que l'on pouvait agir sur les événements à venir par l'autosuggestion consciente[1]. Sa méthode – basée sur l'imagination et non sur la volonté –, qui peut paraître puérile tant elle est simple, a été et est encore souvent raillée, parce que mal connue. « L'homme est ce qu'il pense », avait-il coutume de dire à ses patients. En cela, il était bel et bien le précurseur de la médecine psychosomatique qui, depuis les années 1950, s'intéresse au stress, dont elle guérit de nombreux cas par la suggestion.

Ce mécanisme de l'implantation d'une idée en soi-même par soi-même, que l'on répète ensuite machinalement, est bien connu des représentants et des vendeurs qui, pour la majorité, utilisent sans le savoir la méthode Coué. Lorsqu'en se levant, ils commencent à ruminer intérieurement que leur journée professionnelle sera mauvaise, elle l'est le plus souvent. Si, au contraire, ils se disent et se redisent avec conviction que la réussite est vraiment à leur portée, leur carnet de commandes se remplit mieux ! Les chefs des ventes aiment d'ailleurs raconter cette histoire classique à leurs jeunes représentants, quand ils sont saisis par le trac et partent battus d'avance au début d'une nouvelle tournée.

Un fabricant de chaussures envoie un de ses vendeurs en Côte d'Ivoire pour conquérir le marché local. Dès le lendemain, il reçoit de son collaborateur ce télégramme désappointé :

CATASTROPHE – ICI TOUT LE MONDE MARCHE PIEDS NUS – CHAUSSURES INVENDABLES – JE RENTRE.

Tenace, l'industriel délègue la semaine suivante un second vendeur à Abidjan. Dès son arrivée, celui-ci, enthousiaste, télégraphie à son patron :

FANTASTIQUE – ICI TOUT LE MONDE MARCHE PIEDS NUS – ENVOYEZ 10 000 PAIRES POUR COMMENCER – JE RESTE.

---

1. Voir du même auteur : *La Méthode Coué* (De vecchi ; 1999).

Malgré ses allures de parabole, cette petite fable illustre bien le fait que, suivant son état d'esprit, chacun de nous exprime sa vision du monde, qu'elle soit pessimiste ou optimiste.

En tant que psychosociologue, j'ai moi-même eu l'occasion d'accompagner à de nombreuses reprises des représentants en produits pharmaceutiques dans leurs tournées officinales à travers la France. S'il existe un métier où le trac rôde, toujours prêt à mordre son homme, c'est bien celui de vendeur. L'émotion peut être motivée autant par la personnalité parfois impressionnante de l'interlocuteur auquel on a affaire que par l'enjeu en cause, surtout, bien entendu, lors d'un premier passage.

« Il n'a pas l'air commode ! Vais-je décrocher une commande chez ce client ? » Telle est la plainte du vendeur néophyte. C'est un fait : le client en question n'attend pas de nouveaux fournisseurs et n'a jamais besoin de rien. Tels autant de couperets, les objections du confrère d'Émile Coué tombent sur le malheureux représentant, définitives : « Vous le savez bien, il n'y a plus d'hiver maintenant et l'on vend beaucoup moins de sirops contre la toux ! » ; « Il n'y a plus d'été et les demandes de pommades antimoustiques sont rares ! »

Qu'à cela ne tienne ! Combien de représentants – impressionnés au début de la visite – ai-je vus « remonter la pente » et reprendre confiance en réussissant de haute lutte à communiquer au pharmacien… la « fièvre acheteuse » ! On ne soupçonne pas le moral d'acier, la patience infinie, de fait la croyance en la réussite (un principe antitrac éprouvé) qu'exige le métier de « voyageur de commerce », comme on disait joliment naguère.

Comment font ces as de la vente pour convaincre leurs interlocuteurs ? En les manipulant, pensent certains. Je peux témoigner du contraire. Seuls quelques camelots étonnent et « endorment » encore le public sur les marchés ou devant les grands magasins. Un pharmacien, en rigoureux gestionnaire qu'il est, ne s'en laisse pas… compter ! « On peut tromper quelqu'un une fois, mais pas tout le monde tout le temps », disait Abraham Lincoln. Les vendeurs dignes de ce nom en sont persuadés. Ils visitent régulièrement les « prospects » et construisent avec eux une commande adaptée. Avant toute proposition de remises commerciales, par exemple pour un dentifrice, ils explorent ensemble l'environnement de l'officine, recensent son potentiel et savent introduire une dynamique dans le dialogue en fabriquant un vrai « matelas de oui », comme on dit dans le jargon, qui ne relève pas de la manipulation mais de l'observation objective.

- *« OUI, vos clients ont besoin de votre conseil qualifié, même pour un dentifrice au fluor. »*

- *« OUI, ils recherchent toujours la qualité et la sécurité, surtout pour leurs dents. »*

- *« OUI, ils vous font confiance. Vous êtes leur pharmacien, homme ou femme de compétence. »*

Résultat : l'enthousiasme du représentant est contagieux et la réaction du praticien, négative au départ, devient le plus souvent positive :

- *« OUI, c'est vrai, je peux vendre votre dentifrice ! »*

- *« OUI, allez d'accord, je vous en prends six douzaines ! »*

Ce OUI ne devient-il alors le plus beau mot de la langue française ? Il arrive même que l'euphorie ambiante entraîne une situation inattendue. J'ai vu un représentant, pourtant sur « ses gardes » au départ, s'ouvrir progressivement et proposer soudain à son client amusé, de venir le samedi suivant l'aider à vendre le stock de dentifrices en rayon… et tenir sa promesse, à la surprise du pharmacien et de son personnel. Preuve s'il en est que le trac, de force négative, peut devenir énergie positive.

Mais, me direz-vous, comment ces représentants parviennent-ils à être en permanence joviaux, disponibles et aussi confiants ? Je me suis aussi posé cette question au cours de mes tournées à travers la France, alors que nous roulions ensemble toute la semaine et par tous les temps aux quatre coins de l'Hexagone. À l'évidence, comme vous et moi, ils ont des soucis, qu'ils soient familiaux, bancaires ou fiscaux ! Leur secret ? j'en ai noté au moins deux :

- D'abord, ils entretiennent résolument leur bonne humeur au fil de la journée : avant même leur dentifrice, ils vendent du sourire ! Avec

le mot ou le compliment de circonstance, et pourquoi pas la dernière histoire drôle entendue à la radio.
➾ Ensuite, hormis leurs objectifs de vente, la plupart d'entre eux ont une forte motivation, qui n'est pas toujours, d'ailleurs, de devenir directeur commercial ou P.-D. G. de leur société. Je veux parler de leurs projets personnels, d'autant plus excitants qu'ils sont longtemps caressés au volant. Quoi de plus stimulant que d'imaginer, à moyen ou à long terme, l'ouverture d'un commerce ou la construction d'une maison ! Je pense également à leurs violons d'Ingres, parfois joyeusement comparés à ceux de leurs clients. Dans ce métier stressant, nombreux sont ceux qui évacuent leur stress à travers des passions telles que la photographie, l'apiculture, le radioamateur, les voyages en montgolfière ou encore l'aide humanitaire.

Les représentants sont en somme des gens très normaux ; davantage peut-être que le commun des mortels, ils sont doués d'un fantastique appétit de rencontres, mais aussi d'une grande curiosité des êtres et des choses (questionner évacue le trac). Chez leurs clients, ils deviennent parfois de vrais marchands de bonheur. Avec leur joie de vivre communicative, ils ont décidé une fois pour toutes de voir le quotidien, avec ses réussites et ses difficultés, comme une bouteille à moitié pleine plutôt qu'à moitié vide : la définition même de l'optimisme !

b) Vendre et « se vendre »

Nous n'avons pas rapproché « trac » et « vente » par hasard. Nous venons d'observer dans l'action cet « homme de paroles », au plein sens du terme, qu'est le vendeur. Nous venons aussi d'apprécier combien l'art de vendre, qu'il s'agisse de produits ou d'idées, exige en permanence le goût de triompher des obstacles. C'est cette volonté même de « gagner » qui conduit à se dépasser et à surpasser le trac devant le client !

Quelle que soit la nature de nos échanges, ne sommes-nous pas tous des « vendeurs » dans nos rapports quotidiens ? Notre motivation permanente d'hommes et de femmes n'est-elle pas de séduire et de convaincre nos semblables ? Pour suggérer une idée, affirmer une opinion, défendre un projet, exprimer une émotion, présenter une conférence, vous vous vendez d'abord vous-même, quel que soit votre public. Vous avez besoin d'exister dans son regard et d'obtenir son adhésion. Ainsi, vous vous vendrez d'autant mieux que votre *attitude globale* sera ressentie par l'autre, ou les autres, comme enjouée, sincère et positive. Vous bénéficierez de la même en retour.

Penser OUI devant un auditoire, c'est se dire :

- *« OUI, ces gens sont sympathiques. »*
- *« OUI, ils m'acceptent et m'écoutent avec bienveillance. »*
- *« OUI, je les intéresse. »*
- *« OUI, je me sens bien face à eux ! »*

… Comme le chantait Charles Trénet (qui ne démentait pas la méthode Coué) : « Il suffit pour ça d'un peu d'imagination ! ».

c) Êtes-vous O. K. ?

C'est comme ça : il y a des jours où vous vous sentez le punch de Superman, vous êtes prêt à enjamber les immeubles, et d'autres fois, en revanche, votre moral est carrément en dessous de zéro. Et vous pensez alors que vous ne valez pas un clou ! Il y a aussi des moments où vous rayonnez de bonheur ; vous êtes sociable, chaleureux et vous trouvez tout le monde très beau et très gentil. « Quelle femme charmante ! Quel homme délicieux ! » dit-on autour de vous. Puis, brusquement, sans raison explicable, vous êtes d'une humeur massacrante et vous devenez odieux. « Quelle mouche l'a piquée ? Elle s'est levée du pied gauche ! » déplore votre entourage.

Certes, nous sommes tous « météorosensibles ». Un ciel bleu ou une pluie battante au réveil peuvent conditionner notre journée. Nous sommes aussi émotionnellement réceptifs aux événements de notre vie. Nous ressentons de la tristesse lors d'une séparation dans un aéroport, de la joie si nous gagnons au tiercé, de la colère quand une voiture nous éclabousse, de la peur devant un hold-up, etc. Cette mobilité affective face à notre environnement a inspiré un psychologue américain, Franck Ernst, qui en a tiré un concept très pertinent.

Selon cet auteur, vivre, c'est s'exposer, se confronter au monde. C'est, suivant le langage d'outre-Atlantique, être « O. K. » ou « non O. K. », autrement dit en accord ou non avec les choses de la vie. Par là même, c'est être « O. K. » ou « non O. K. » avec soi et avec les autres.

Dès la naissance, nous sommes amenés à apprécier le comportement à notre égard des êtres humains qui nous entourent, et à leur répondre en conséquence. Ces premiers échanges, en termes de soins et de biberons, de caresses ou de fessées, sont vécus comme plaisants ou douloureux et nous permettent de porter un premier jugement sur les autres. Ceux-ci apparaissent alors gratifiants ou hostiles à nos yeux de bébés et nous en gardons inconsciemment le souvenir, bon ou mauvais. Ils nous permettent aussi de nous auto-évaluer : « Comment suis-je devant eux, fort ou faible ? à la hauteur ou non ? » Après, la famille, l'école, puis le monde du travail, sont autant de structures qui entretiennent successivement notre mécanisme initial de jugement.

- *« J'aime bien Camille, je déteste Yolande ! »*
- *« Il est méchant, elle est sympa ! »*
- *« J'ai raison, il a tort ! »*
- *« Il est meilleur que moi, je suis moins bon que lui ! »*
- *« Il a de la chance, je n'en ai jamais ! »*

Autant d'appréciations comparatives, le plus souvent subjectives, mais qui répondent à un véritable système, que Franck Ernst définit comme la combinaison de notre perception (positive ou négative) de nous-même et de celle, également positive ou négative, que nous avons des autres.

Il a ainsi traduit les formules « O. K. » et « non O. K. » par les signes mathématiques universels + (plus) et – (moins).

Vous et le monde : une affaire de point de vue !

D'après Ernst, notre relation aux autres est, de fait, subordonnée à quatre façons de concevoir l'existence, qu'il appelle « positions de vie », et qui découlent de nos expériences précoces fondamentales, évoquées ci-dessus. Il en résulte l'articulation suivante qui illustre notre perception à un moment donné :

- *Je suis +, ils sont + :* je suis une personne correcte, je m'estime et j'estime les autres qui sont mes égaux (accueil des autres).
- *Je suis +, ils sont – :* je suis supérieur aux autres, les autres ne sont pas à ma hauteur (mépris des autres).
- *Je suis –, ils sont + :* je suis inférieur aux autres, les autres sont beaucoup mieux que moi (peur des autres).
- *Je suis –, ils sont – :* je ne vaux rien, je ne suis bon à rien, et les autres ne valent rien non plus (rejet de soi et des autres).

La position de vie + + : dans le jargon de l'Analyse Transactionnelle (laquelle a intégré ce concept), être en position de vie + + signifie l'attitude positive par excellence. Dans cette position, vous êtes bien dans votre peau, confiant en vos capacités, respectueux des autres et heureux de leur proximité. Vous développez un sentiment de plénitude et vos relations sont harmonieuses. Vous réalisez de meilleures négociations si vous êtes vendeur, vous interprétez votre rôle avec conviction si vous êtes comédien, etc. Enfin, grâce à votre ouverture aux autres, vous n'éprouvez aucun trac.

La position de vie + – : c'est celle de M. ou Mme Je sais tout. Pensez à ces gens suffisants, hautains, arrogants même, qui détiennent toujours la vérité, et déroulent un cours magistral sur le moindre sujet ! Il convient pour eux de prendre le pouvoir, et de montrer aux autres leur ignorance. Il peut s'agir du vendeur d'ordinateurs qui vous noie dans les termes techniques et vous fait fuir, mais aussi de cette amie qui, lors d'un dîner, monopolise la conversation sur le thème des conséquences du traité de Maastricht et finit par ennuyer tout le monde ! Cette attitude peut, en réalité, cacher une peur des autres (et un trac camouflé derrière un flot de paroles !).

➾ ***La position de vie – + :*** c'est par excellence celle de l'autodépréciation qui, bien entendu, fait la part belle aux autres. C'est le cadet soumis qui se plie à tous les caprices de son frère aîné. C'est l'employée modèle, toujours disponible, qui n'ose pas demander une augmentation et que son patron exploite. Attention : si vous-même et vos coéquipiers de football pensez que vos adversaires sont plus forts que vous, vous allez effectivement perdre le match ! « Ne pas reconnaître son talent, c'est donner une chance aux médiocres ! » disait Jean Gabin, sur un dialogue de Michel Audiard, dans le film *Le Cave se rebiffe.* À méditer...

➾ ***La position de vie – – :*** dans cette position, non seulement vous vous autodévalorisez mais vous mettez les autres dans le même sac ! Imaginez que vous partiez en week-end en fermant mal le robinet de la baignoire... Inondation de votre appartement et de celui du voisin d'en dessous, puis intervention des pompiers qui doivent forcer votre porte. Vous rentrez le dimanche soir pour découvrir non seulement le désastre, mais encore que l'on a cambriolé votre logement, resté ouvert ! Consterné par votre étourderie et écœuré par l'audace des voleurs, vous en concluez, désabusé, que vous êtes vraiment nul et que les autres sont des salauds (car le doute de soi renforce le trac et la peur des autres).

Franck Ernst précise que nous gardons une position de vie privilégiée qui remonte à notre petite enfance et intervient notamment dans les situations de trac, d'anxiété et de stress. Cependant, et fort heureusement, notre manière d'appréhender l'existence n'est pas immuable et varie dans la même journée en fonction des circonstances. Devant le dégât des eaux évoqué ci-dessus, on peut comprendre votre réaction qui est motivée par l'événement. Qui ne serait culpabilisé et révolté en l'occurrence ? Penser positivement consistera ici à bien fermer vos robinets avant de partir à la campagne le week-end prochain !

Ce soir, vous allez dîner chez des amis. Tout guilleret, vous montez dans votre voiture avec un bouquet de fleurs pour la maîtresse de maison. La radio diffuse un air entraînant et vous sifflotez en mesure. La vie est belle (+ +)... provisoirement !
Vous êtes soudain pris dans les embouteillages. Vous avez peur d'être en retard, comme la dernière fois. Feu orange – disons orange bien mûre –, rien à droite, rien à gauche... emporté par votre élan, vous passez ! Deux coups de sifflet stridents retentissent alors. Un policier surgit devant votre capot et vous intime l'ordre de vous arrêter (– +) :
« Vous venez de griller le feu rouge, veuillez me présenter vos papiers.
– Mais, monsieur l'agent, je vous assure, je suis passé au feu orange... Excusez-moi, je suis pressé.
– Ce n'est pas une raison, ne discutez pas, je verbalise ! »
Le ton monte. Vous devenez agressif, arrogant même. Sûr de votre bon droit, vous repartez, furieux, avec votre contravention, en toisant le policier (+ –). Vous êtes passablement énervé après cet échange, et ne trouvez plus la rue où habitent vos amis. Vous arrivez enfin devant chez eux ; bien entendu, pas une place pour stationner ! Après plusieurs tours du quartier, excédé, vous vous garez devant une porte cochère. Avec une heure de retard, vous sonnez chez vos amis, que vous savez toujours ponctuels, comme tous les invités présents. Vous êtes en nage, vexé, et vous vous répandez en plates excuses (– +). Heureusement, vos hôtes sont charmants et pleins d'humour ! Ils vous déculpabilisent et vous redonnent goût à la vie avec une coupe de champagne.
Pendant le dîner, votre talent d'amuseur transforme votre aventure en un sketch qui fait rire les convives aux larmes. Vous êtes le héros de la soirée (+ +).
Pas pour longtemps : à minuit, en sortant, vous recevez votre dernier choc. Vous retrouvez votre voiture avec deux pneus crevés... et, sur la banquette arrière, le bouquet de fleurs que vous avez oublié d'offrir !

Nous venons de mettre « en situation » chacune de nos positions de vie. Leur enchaînement nous montre la subtilité de ce « jeu de cartes social » dont nous sortons les quatre atouts à discrétion, selon les circonstances et les partenaires en présence. À savoir, en l'espèce et chronologiquement :

- *Soumission (culpabilité, infériorité)* : c'est de ma faute, j'ai accéléré au feu orange et ce policier m'a pris sur le fait. Je vais encore être en retard chez des gens ponctuels (– +).
- *Domination (agressivité, supériorité)* : ce flic est borné, il dit n'importe quoi ! Je sais tout de même mieux que lui ce que je fais, je ne suis pas passé au feu rouge (+ –).
- *Communion (harmonie, égalité)* : l'ambiance est conviviale. Nous nous considérons mutuellement, mes amis et moi. Je sais donc qu'ils me pardonnent mon retard, comme je leur pardonnerais moi-même (+ +).
- *Résignation (autodévalorisation, passivité)* : décidément, je ne changerai jamais, je suis un mufle d'avoir oublié les fleurs. Des voyous ont crevé mes pneus ! Je n'y peux rien, ça tombe toujours sur moi (– –).

Objectifs et objectivité

Cet incessant ballet des positions de vie nous permet d'observer, à travers les multiples facettes du quotidien, qu'il n'est pas facile d'être en harmonie permanente avec soi-même et avec les autres. Il est même « O. K. » de ne pas toujours être « O. K. » ! L'essentiel est d'en être conscient, car n'oublions pas que notre opinion des autres est directement subordonnée à celle que nous avons de nous-même. L'attitude positive consiste ici non pas à vouloir atteindre la perfection, mais à entretenir l'estime de soi et la confiance en notre potentiel. Dans cet esprit, nous devons considérer nos réussites, mais aussi les échecs qui jalonnent inévitablement notre parcours.

Énervement, appréhension, manque de temps ou de préparation, imprévus... vous pensez avoir plus ou moins raté votre dernière prestation, et vous avez déjà le trac pour la suivante ! Qu'à cela ne tienne ! votre orgueil blessé mis à part, ce n'est pas bien grave. Un demi-échec (ou une demi-réussite !) est toujours un enseignement. Après l'analyse la plus juste possible des faits, vous réus-

Trac et autosuggestion

➢ «Tous les jours, à tous points de vue, je vais de mieux en mieux!» Telle est la phrase clef sur laquelle repose la méthode Coué ; ce dernier demandait à ses patients de la répéter chaque jour vingt fois de suite, pour connaître la guérison de leurs maux. Comment ce pharmacien optimiste, qui n'était pas un charlatan, soulignons-le, pouvait-il espérer soulager ainsi sa clientèle? Tout simplement parce qu'il avait remarqué que l'efficacité des médicaments qu'il délivrait se trouvait renforcée par ses paroles encourageantes. Ainsi, le fait d'affirmer à un grand insomniaque : «Prenez cette nouvelle tisane, vous allez dormir comme un enfant», emportait plus sûrement ce dernier dans les bras de Morphée que ne pouvait le faire la même prescription sans commentaire d'une infusion de verveine-menthe! Si vous avez vous-même un sommeil difficile, vous savez sans doute que le simple fait de recevoir, par erreur, du barman le ticket d'un «expresso» alors que vous n'avez consommé qu'un léger décaféiné suffit à vous faire passer une nuit blanche... Nous voyons bien ici à quel point l'imagination – toujours elle – peut être aux commandes non seulement de nos actions mais aussi de nos réactions physiologiques.

➢ Si vous décidez de ne plus avoir le trac, d'en finir avec lui par la seule puissance de votre volonté en quelque sorte, il ne se laissera pas évacuer aussi facilement : votre imagination se débrouillera pour l'aider à revenir en force, au plus mauvais moment! Rien de tel que l'autosuggestion qui, par l'intermédiaire de l'inconscient, est à même de ralentir la sécrétion d'adrénaline dans votre organisme. En ce sens, la méthode Coué peut avoir des effets positifs sur votre trac. N'hésitez pas à répéter vingt fois pendant vos séances de relaxation : «Tous les jours, j'ai de moins en moins le trac!» Vous serez surpris du résultat.

sirez mieux la prochaine fois. Vous le savez bien, un coup de talon au fond de la piscine fait toujours remonter à la surface !

Soyez modeste, réaliste dans vos objectifs. Accordez-vous le droit à l'erreur et accordez-le aussi aux autres. C'est cette acceptation lucide de vos propres possibilités, de vos forces et de vos faiblesses, de vos bons et mauvais jours, qui vous aidera à bien appréhender votre public, qu'il s'agisse d'une seule personne ou d'un groupe. En ne cherchant pas à faire un « sans-faute », en n'établissant pas de rapport de forces (il est supérieur ou inférieur à moi), vous apprécierez mieux l'autre devant vous. Vous serez alors à même d'aller à sa rencontre en toute simplicité, de l'écouter, de le comprendre, d'échanger et de coopérer avec lui. Avec un tel mental, vous deviendrez et resterez « gagnant » (+ +), non pas *contre* cet autre moi qui est devant vous, mais *avec* lui. Ainsi, libéré des préjugés qui alimentent le trac... vous ne l'aurez plus !

2. L'imagination positive

a) Faites votre cinéma !

« Il y en a, là-dedans ! » disons-nous familièrement à un ami dont nous admirons l'intelligence, en désignant son front du doigt. Sans doute, mais nous n'utilisons encore que très partiellement les facultés de notre cerveau, affirment les scientifiques, qui guettent la mutation de l'*Homo sapiens* que nous sommes en *Homo superior.* En attendant une plus grosse tête, nous possédons tout de même « là-dedans » 1,4 kg de matière grise qui reçoit les messages de nos cinq sens, les analyse et commande à nos membres d'agir. C'est aussi notre cerveau qui nous permet d'anticiper l'action, de nous la représenter, de la découper à notre gré en séquences, tel un film, grâce à notre *imagination,* « cette fonction spécifiquement humaine qui permet à l'homme, contrairement aux autres espèces animales, d'ajouter de l'information, de transformer le monde qui l'entoure », nous dit Henri Laborit[(2)].

---

2. *Éloge de la fuite* (Laffont ; 1999).

Nous avons vu à plusieurs reprises l'importance que peut prendre l'imagination dans la formation mais aussi dans la sédation du trac. Comme un téléviseur interne aux multiples chaînes, elle vous offre le film que vous voulez voir. Vous pouvez zapper à volonté et choisir votre programme, de l'angoisse à la gaieté, de l'aventure au drame. Ainsi, vous appréhendez le métro tel un dangereux coupe-gorge, ou comme un nouvel espace artistique. Vous trouvez l'autoroute Paris-Marseille morne et interminable ou, au contraire, vous appréciez ses paysages souriants et ses verdoyantes aires de repos. Vous redoutez le temps qui passe et pensez chaque jour à la mort ou, à l'inverse, votre enthousiasme vous invite à vivre les joies quotidiennes et à échafauder mille projets.

Nous avons évoqué dans la première partie de cet ouvrage la *visualisation,* véritable Caméscope mental que notre imagination nous permet d'utiliser à tout moment. Nous y revenons ici pour en explorer la technique. Par quel procédé Léonard de Vinci imagina-t-il ses surprenantes machines futuristes ? Où Jules Verne trouva-t-il l'inspiration pour écrire ses fantastiques romans d'anticipation ? Plus récemment, comment Hergé créa-t-il le dessin de sa fusée pour aller sur la lune ? Il ne fait aucun doute que chacun d'entre eux a littéralement « vu » le résultat de ses inventions avant même de commencer à y travailler. Ne qualifie-t-on pas encore aujourd'hui ces trois créateurs géniaux de visionnaires ?

La visualisation

Je visualise, tu visualises, nous visualisons tous... sans d'ailleurs prêter à ce phénomène l'intérêt qu'il mérite. Avec le rêve, nous disposons d'une prodigieuse vidéo individuelle aux capacités infinies ; il ne tient qu'à nous de faire fonctionner « positivement » ce merveilleux appareil à explorer le temps et l'espace. Zooms avant, zooms arrière, gros plans, *travellings, flash-backs,* projections dans le futur, voyages intracorporels, notre « troisième œil » sait vraiment tout faire, mieux que les plus perfectionnées des caméras japonaises. Quel plaisir pour le représentant d'imaginer en détail son rendez-vous avec son client, le dynamisme et l'assurance dont il fera preuve et la commande qui va suivre ! Quel meilleur antitrac pour l'artiste que de visualiser dans sa loge son tour de chant et le public l'applaudissant chaleureusement... avant même d'entrer en scène ! Quelle satisfaction pour vous, que l'idée même de « refaire » votre appartement couvre de sueur, de le découvrir tapissé et repeint, pièce par pièce, aux couleurs chaudes et rares que vous aimez... avant votre premier coup de pinceau !

Ainsi, nous visualisons pour mener à bien une démarche, réussir une performance, effacer une crainte. En clair, une visualisation bien menée est une anticipation positive de l'action qui, le plus souvent, débouche sur le succès.

Vous recherchez un emploi de comptable et vous avez rendez-vous demain matin dans une société de recrutement. Vous êtes nerveux et votre moral est plutôt bas. Bien sûr, libre à vous de décider tout de suite que vous n'aurez pas le poste en raison du nombre probable de demandeurs, et même de ne pas vous présenter ! Plus judicieusement, il est tout de même préférable de préparer cette rencontre en mettant toutes les chances de votre côté. Pourquoi pas avant de vous endormir, en devenant mentalement le recruteur ? Après vous être mis en état de relaxation, regardez ce candidat soigné, souriant, dynamique, sûr de lui, qui s'asseoit devant vous. Écoutez-le présenter avec aisance son curriculum vitae, développer ses points forts, préciser ses ambitions : c'est vous. Posez-lui des questions, évaluez ses réponses. Qu'en pensez-vous ?
Reprenez ensuite votre place de candidat. Vous êtes très détendu et attentif. Vous désirez réellement ce poste de comptable. Imaginez maintenant que vous en êtes titulaire. Regardez-vous, assis à votre bureau, près d'un ordinateur…
Laissez doucement s'installer en vous l'énergie et l'assurance que vous ont apportées ces images. Vous pouvez vous endormir tranquille. Vous aurez demain un bon entretien.

Vous faites du saut à la perche, et allez, dans quelques instants, tenter d'améliorer votre record. Vous sentez le trac vous envahir, malgré les encouragements de vos supporters dans la tribune du

stade. Au lieu de penser que vous ne franchirez pas ces 5 cm de plus, allongez-vous sur le gazon avant le premier essai. Fermez les yeux et visualisez votre saut en temps réel. C'est parti !
La perche bien en main, vous prenez votre élan. Vous courez de plus en plus vite sur la cendrée, la perche vient se bloquer dans l'encoche du butoir, se courbe comme un arc et vous êtes catapulté en l'air. Pendant votre ascension, vous voyez arriver la barre au ralenti et vous décomposez le mouvement de votre corps. Vos pieds, puis vos jambes, passent au-dessus de l'obstacle, vous creusez, creusez vos reins. Encore ! vous lâchez la perche.
Arrêt sur image ! regardez-vous sur le film arrêté : vous êtes sur le dos, suspendu à 5 m du sol. Analysez bien votre position : c'est votre épaule droite qui risque de toucher la barre. Rentrez-la.
Action ! le film est reparti. Tirez sur les bras, encore, regardez la barre derrière vous : non, elle ne bouge pas, vous êtes bien au-dessus. Oui ! vous êtes passé et vous retombez maintenant sur le matelas de mousse en hurlant de joie. Visualisez à nouveau complètement votre film pour l'imprimer dans votre mémoire. Souvenez-vous de bien rentrer votre épaule droite !
Maintenant, vous êtes prêt pour le grand saut. Ouvrez les yeux, ça va être à vous !

Dès le premier chapitre, nous vous suggérions de fabriquer à l'encontre de vos peurs spécifiques les scénarios les plus dramatiques possibles pour les transformer ensuite en scénarios positifs. La peur de l'avion, si fréquente, nous avait servi d'exemple. Cette forme de trac peut aussi être traitée par la visualisation avec « arrêts sur images ». Reprenons notre scénario aérien, il vaut la peine d'être décomposé.

Une angoisse d'anticipation vous a noué l'estomac dans le taxi sur la route de l'aéroport, et vous transpirez comme une fontaine en faisant les cent pas dans la salle d'embarquement. Une demi-heure avant le décollage, vous êtes en pleine visualisation négative. Vous voyez carrément le film de vos derniers instants.
Stop ! asseyez-vous. Calmez-vous et pensez que vous allez courir beaucoup moins de risques en avion que vous n'en avez pris

ce matin en traversant la rue. Posez les coudes sur vos genoux, mains ouvertes (position du « Cocher de fiacre »). Baissez la tête, respirez tranquillement, fermez les yeux... Vous êtes assis près du hublot, détendu, ceinture attachée. L'avion fait son « point fixe », s'ébranle. Il roule sur la piste de plus en plus vite. Le béton défile, et soudain vous quittez le sol. C'est cet instant que vous redoutez. Une scène vous revient à l'esprit : enfant, vous étiez terrorisé sur les chevaux de bois qui s'élevaient et descendaient brusquement.
Stop ! remplacez cette image anxiogène par celle de l'ascenseur de votre immeuble que vous prenez chaque jour sans problème (à moins que vous n'ayez la phobie des ascenseurs !). Revenez maintenant à votre place en avion. Le bruit s'atténue, vous montez, apaisé, serein. Vous voyez par le hublot des maisons et des voitures minuscules. Vous dominez le monde ! La lumière du soleil baigne l'avion. Vous êtes à l'aise, heureux. Vous détachez votre ceinture. L'hôtesse, souriante, vous tend une boisson fraîche... Ouvrez les yeux. Votre peur s'est envolée. Vous planez...
Tout à coup, une voix suave vous ramène à la réalité : « Votre attention, s'il vous plaît. Les passagers pour Toulouse sont priés de se présenter à la porte n° 8. Embarquement immédiat. » À ce moment, vous vous sentez bien, très bien même ! Bon voyage !

Accord à cœur

Sans vouloir lui accorder plus de pouvoirs qu'elle n'en détient, nous ne manquerons pas de signaler l'usage de la visualisation par le corps médical.

Un médecin américain, le docteur Carl Simonton, l'a utilisée pour la première fois en 1971. Dans un ouvrage[3] qui a connu un retentissement mondial, il cite le cas suivant :

Une femme, qui avait un rythme cardiaque dangereusement irrégulier, a créé une imagerie mentale d'une petite fille sur une balançoire. Elle regardait la petite fille se balancer de manière

3. *Guérir envers et contre tout : le guide quotidien du malade et de ses proches pour surmonter le cancer* (Desclée de Brouwer ; 1982).

rythmée chaque fois qu'elle devait reprendre le contrôle de son rythme cardiaque. En peu de temps, elle n'eut plus besoin de médicaments pour le cœur et n'eut plus de difficultés.

Dans le même ordre d'idées, j'évoquerai l'expérience d'un de mes amis psychologues. Il n'était pas très convaincu par la visualisation jusqu'au jour où, souffrant atrocement de crises répétées de coliques néphrétiques (avec l'anxiété que cela implique), il y eut recours. Certes, les antalgiques lui furent encore nécessaires. Toutefois plusieurs échographies successives (il visualisait plusieurs fois par jour le calcul et son déplacement) prouvèrent ensuite que son imagerie mentale avait fait progresser le corps étranger dans les voies urinaires et favorisé ainsi son évacuation.

Nous le voyons, nos ressources pour agir sur nous-même sont immenses. Or, par paresse ou par incrédulité, nous ne pensons ou ne voulons pas toujours les utiliser. Parce que nous en avons une longue expérience et sommes témoins de son efficacité constante, nous ne saurions trop vous recommander de recourir régulièrement au tandem « relaxation-visualisation ». Pensez-y, quand le trac vient vous importuner !

b) Changez de programme !

Dans les années 1970, deux psychologues américains, John Grinder et Richard Bandler, respectivement linguiste et mathématicien-informaticien, ont conçu un nouveau modèle de communication, la Programmation neurolinguistique (P.N.L.).

Que cachent ces trois mots ?

➺ ***Programmation*** : à l'image d'un ordinateur et de son logiciel, nous sommes tous « programmés ». En fonction de notre culture et de nos habitudes, nous avons une vision du monde qui détermine notre mode de pensée et nos comportements. Si, bien entendu, nous ne pouvons modifier nos caractères héréditaires, il nous est possible, en revanche, d'adopter d'autres façons de voir et de raisonner au cours de notre vie, en fonction de nouvelles données qui viennent modifier nos idées et nos opinions. En quelque sorte, nous changeons alors de disquette et inaugurons un nouveau programme comportemental.

- ***Neuro*** : nous devons cette possibilité de nous programmer à notre organisation neurologique. Nous pouvons à volonté modifier nos pensées et notre perception de l'environnement grâce à notre activité neuronale. Notre cerveau a la faculté de sélectionner et de mémoriser, à notre demande, les informations qu'il reçoit. Nous stockons ainsi sans cesse des apprentissages et des expériences, auxquels nous avons accès en cas de besoin. Ces informations peuvent toutefois ne pas être appropriées en situation ou, au contraire, constituer des ressources précieuses en cas de besoin.

- ***Linguistique*** : c'est par le langage verbal et non verbal (gestuelle) que nous restituons notre mode de pensée, nos réflexions, notre ressenti. Il est le reflet permanent de notre vécu. Le contenu de notre expression orale et corporelle nous confirme notre vision du monde, ce que nous pensons être, et permet à autrui de construire son image de nous-même. À l'évidence, ce langage oral et corporel se modifie ou se renouvelle avec nos changements éventuels de programme. Il est donc porteur d'informations précieuses sur l'idée que nous avons de notre environnement et sur la manière dont nous l'approchons.

La Programmation neurolinguistique (P.N.L.) est donc un système en trois mots (ou trois lettres) qui, somme toute, définit parfaitement notre subjectivité comportementale. En établissant une analogie entre nos processus internes et la programmation informatique, puis en observant et en recensant les automatismes répétitifs de notre pensée et de notre langage, les deux chercheurs ont davantage axé leurs travaux sur le « comment » que sur le « pourquoi » du phénomène humain. C'est ce parti pris qui leur a permis de proposer sous le sigle de P.N.L. un modèle qui est à la fois :

- *Une méthode de communication* efficace, avec un véritable répertoire explicatif de nos comportements verbaux et gestuels.
- *Une technique psychothérapeutique* aux effets extrêmement rapides, voire spectaculaires. Il est intéressant de savoir qu'elle permet de traiter des phobies en moins d'un quart d'heure et des états dépressifs en quelques séances !

- *Un outil de changement individuel,* à même de provoquer l'abandon des habitudes néfastes et de favoriser un développement personnel harmonieux.

Ce jeune concept, pratique, simple et efficace, ne cesse de faire ses preuves depuis vingt ans à travers le monde, tant en milieu médical que dans les domaines de l'entreprise et de la formation. Il ne pouvait que retenir notre attention pour ce qui concerne le trac, d'autant qu'il est utilisable sans encadrement particulier, après compréhension globale de la méthodologie et de son vocabulaire[4]. Nous avons prié une thérapeute rémoise, Michèle Sovier-Sandillon, formatrice en expression orale et spécialiste en P.N.L., de bien vouloir nous faire part de son expérience sur le traitement du trac par cette méthode. Elle nous convie ici à l'un de ses stages, précisément consacré au trac, choisissant de nous faire vivre une « étude de cas », puis de nous inviter à suivre un exercice dirigé.

Traiter le trac par la P.N.L.

Dans le stage portant sur la prise de parole en public que j'anime, Richard apparaît dès le début comme le boute-en-train du groupe : extraverti, drôle et fin, avec un sens aigu de la repartie et de la formule. Ses collègues sont donc très étonnés de le découvrir lors de ses interventions orales – quand il est seul devant l'auditoire –, rétracté, timide et peu bavard; en d'autres termes, paralysé par le trac.

Ce qui arrive ici à notre ami Richard nous rappelle avec à-propos que telle qualité que nous montrons à certains moments peut ne plus apparaître dans des circonstances où elle nous serait pourtant bien utile. Comme si, par quelque erreur de « programmation », cette ressource que nous possédons devenait malicieusement… inaccessible !

---

4. Pour une approche détaillée, nous vous renvoyons à l'ouvrage de Cayrol, Alain & Saint-Paul, Josiane de : *Derrière la magie : la programmation neurolinguistique* (Inter-Édition ; 1984) et à celui de Lassus, René de : *La Communication par la P.N.L.* (Marabout ; 1992).

Comment faire revenir à volonté cette compétence ? Je propose à Richard d'effectuer un travail inspiré des techniques de la Programmation neurolinguistique.

➺ **Recherche de la « ressource » nécessaire :** *« De quelle ressource avez-vous précisément besoin dans cette situation-problème ?*
– De calme ! C'est parce que je suis crispé que je n'ai plus aucune "fluidité de pensée" », me répond Richard.
Calme, il peut l'être, je l'ai constaté, mais mon observation portait sur des instants ludiques, et je préfère lui demander de se souvenir d'un moment, proche ou lointain, où il a fait preuve de ce calme qu'il convoite.
« Cela n'a pas de rapport, mais je me souviens d'une négociation professionnelle un peu périlleuse, pendant laquelle je me suis senti parfaitement calme, réfutant avec aisance tous les arguments de l'autre. J'étais maître de la situation, au point, presque, de devancer toutes les objections qui m'étaient faites. »
À cette seule évocation, son visage s'éclaire...
« Si vous pouviez retrouver ce calme quand vous êtes devant un auditoire, pensez-vous que vous seriez alors efficace ?
– Tout à fait ! » me lance-t-il vivement, ne laissant aucun doute sur l'intérêt de son exemple.
Son « état ressource » étant identifié, je propose à Richard, avant de poursuivre, d'associer une couleur à ce calme tant désiré. Il choisit la couleur ivoire. Je lui explique que tout à l'heure, à mon signal, il devra en imprégner son souvenir.

➺ **Retour dans le passé :** *je demande à Richard de revenir « dans » la négociation évoquée et je le guide dans la description qu'il en fait. Elle doit être très précise pour qu'il puisse s'y replonger au maximum.*
– Que voit-il ? (les lieux, les gens, la lumière, les couleurs, etc.).
– Qu'entend-il ? (les conversations, les bruits ambiants, le téléphone, etc.).
– Que sent-il ? (odeurs éventuelles de fleurs, parfums, produits d'entretien, etc.).
– Que ressent-il ? (sérénité, bien-être, satisfaction, plaisir, etc.).

Quand j'estime, à son attitude et à ses mimiques, qu'il est totalement immergé dans ce souvenir, qu'il le vit vraiment, je prononce doucement le mot « ivoire ». À charge pour lui, comme convenu, de « colorer » toute la scène avec cette couleur.

Ici et maintenant : *il suffit à Richard de se dire ou de penser « ivoire » pour se sentir immédiatement dans cet état interne positif, pour retrouver le calme, associé désormais à ce mot, à cette nuance.*
Nous en faisons du reste la vérification immédiate. Richard s'imagine dans une future situation de prise de parole, jusque-là ressentie comme difficile à vivre. Son visage se crispe, puis se détend. Il rit : « C'est formidable ! j'ai pensé au mot "ivoire" et je me suis senti tout de suite beaucoup mieux. Si on faisait un exercice ? J'ai envie de m'exprimer devant tout le monde et je suis sûr que ça va bien se passer ! » Envolé, le trac !

La technique de l'ancrage : *cette technique de Programmation neurolinguistique se nomme l'ancrage (association entre un stimulus et un état interne positif). Vous pouvez effectuer des « auto-ancrages » pour accéder facilement à certaines ressources. Procédez de la manière suivante :*
– Choisissez votre stimulus (geste discret : poing fermé, main sur le genou, mot, couleur, etc.) qui devra être rigoureusement le même à chaque fois que vous aurez envie de faire appel à la « compétence ancrée ».
– Définissez très précisément la ressource dont vous avez besoin pour faire face à la situation qui vous pose problème, et ce, en termes positifs : « J'ai besoin d'avoir confiance en moi », et non « J'ai besoin de ne plus avoir peur ».
– Recherchez dans vos souvenirs à quelle occasion vous avez ressenti en vous cette ressource.
– Explorez tranquillement et le plus intensément possible ce souvenir agréable : visualisez ce que vous avez vu à ce moment particulier (décor, couleurs, lumière, détails vestimentaires, etc.) ; entendez les bruits divers (voix, sons ambiants...) ; éprouvez les sensations, les émotions d'alors. Efforcez-vous d'entrer véritablement dans

Croire et bien faire

➢ Nous sommes des êtres de croyance. En effet, nos actions sont le plus souvent déterminées par les choses de la vie que nous «tenons pour vraies». Toutefois, la P.N.L. établit des distinctions entre ces croyances :

– Certaines sont facilitantes (ou aidantes).
– D'autres sont restrictives (ou limitantes).

➢ Vous dépendez des premières lorsque vous vous dites, avant une prise de parole en public :

– «Je suis persuadé que mon sujet va les intéresser.»
– «Je suis sûr de la puissance de ma voix.»
– «Je sais utiliser l'humour à bon escient.»
– «Je suis meilleur devant mille personnes que devant cent.»

➢ Vous subissez l'influence de vos croyances restrictives quand vous vous répétez, avant de commencer une prestation :

– «Je ne sais pas retenir l'attention du public.»
– «Je suis trop nerveux pour bien parler devant un groupe important.»
– «Je suis sûr d'avoir un trou de mémoire.»
– «Je vais me faire coincer au moment des questions.»

➢ Comment annuler ces croyances négatives qui installent le doute et le trac en vous dès que vous devez vous exprimer devant un auditoire? Tout simplement en cherchant une croyance positive suffisamment forte pour remplacer toutes vos croyances restrictives. Si, par exemple, votre goût de l'anecdote bien placée et votre sens de l'humour ont raison de vos impressions négatives, n'hésitez pas. Penser ennuyer le public est une (triste) idée. L'entendre rire est une certitude!

ce souvenir, en véritable « acteur » et non pas simplement en « observateur ».

– Quand vous avez l'impression d'être pleinement immergé dans cette expérience passée, ancrez, à savoir faites le geste, dites le mot ou voyez la couleur que vous aviez initialement choisis.

– Après quelques instants de repos, testez votre ancre en refaisant le même geste, en évoquant le même mot ou la même couleur, et vérifiez que vous ressentez alors l'état interne désiré. À chaque fois que vous l'utiliserez, cette ancre vous permettra de retrouver la ressource souhaitée, sans devoir penser à l'expérience.

Michèle Sovier-Sandillon.

La Programmation neurolinguistique vient confirmer les fabuleux pouvoirs de l'imagination positive. En l'occurrence, cette méthode ne nous demande pas d'inventer images et situations, mais simplement de nous remémorer et de projeter sur notre écran mental une ou des scènes vécues. Pour créer nos « ressources », elle présente en outre le très appréciable avantage de solliciter la venue de souvenirs agréables, à l'évidence toujours ressentis avec plaisir. Quand on sait qu'il suffit d'une voix, d'une odeur ou d'un objet pour nous rappeler une séquence stressante antérieure et nous donner sur-le-champ le trac, on ne peut qu'apprécier l'outil précieux, résolument optimiste, que constitue la P.N.L.

CHAPITRE VII

Prenez votre temps

C'EST ainsi : le temps qui passe nous inquiète. Notre comportement vis-à-vis de lui ne manque d'ailleurs pas d'être paradoxal. Nous voudrions, selon les circonstances de notre vie, soit pouvoir le ralentir, voire l'arrêter, soit l'accélérer.

Quoi qu'il en soit, nous passons la plus grande partie de notre temps à échanger avec les autres. Il est donc judicieux de faire en sorte que nos relations soient les plus harmonieuses possible. Pour cela, il est nécessaire que nos habitudes ne nous enferment pas dans des répétitions à la fois pressantes et stressantes.

De quelle façon gérer notre temps de manière à la fois constructive et paisible ? Comment nous dégager des contraintes « tracogènes » qu'il nous impose ?

Réponses dans ce chapitre.

1. Structurez votre temps

a) Équilibrez vos échanges

Comme nous éprouvons le besoin de diversifier notre nourriture, nous avons celui de varier nos occupations, c'est-à-dire de découper nos journées en séquences spécifiques consacrées au travail, au repos, à la famille, aux amis, aux loisirs, etc. Autant de circonstances qui nous permettent d'évoquer non plus *le temps,* mais *les temps* de notre vie. Encore faut-il que la répartition de ces derniers ne vienne pas bousculer nos rythmes biologiques, qui gèrent l'interconnexion des quelque dix mille milliards de cellules de notre organisme. Si notre complexe horloge interne est déréglée – notamment par la perturbation du cycle veille/sommeil, l'excès de rencontres ou le surmenage –, nos glandes surrénales, à leur tour chahutées, sécrètent adrénaline… et troubles comportementaux, à type de stress. Et revoilà l'angoisse et le trac !

D'où provient notre impérieux désir, voire notre besoin, de structuration temporelle et de diversification ? Le psychiatre Éric Berne, concepteur de l'Analyse Transactionnelle, postule qu'il s'agit moins, en l'occurrence, de prévenir l'ennui que de répondre, animaux sociaux que nous sommes, à notre appétit de contacts.

Ses travaux lui ont permis d'établir que nous divisons notre temps en six grandes séquences, hiérarchisées par ordre progressif d'intensité affective. Ce sont le retrait, le rituel, le passe-temps, l'activité, les jeux psychologiques (au sens de « stratagèmes ») et l'intimité. C'est de l'harmonie entre ces différents modes relationnels que dépendent, pour chacun de nous, non seulement une bonne intégration sociale, mais encore un bon équilibre psychique, sans peur de soi ni de l'autre.

Le retrait

Il peut sembler paradoxal de parler de retrait alors que nous sommes en train d'évoquer le besoin d'échanges de l'être humain. Nous avons précisé plus haut l'intérêt de la solitude lorsqu'elle est *voulue* et *passagère.* Elle représente la première des communications : celle à entretenir avec soi-même. C'est exactement notre propos ici.

Ce policier parisien qui vient de passer des heures à régler la circulation de milliers de voitures, place de la Concorde, est content de se détendre, le soir venu, au milieu des fleurs et des légumes de son jardin de banlieue, loin des conducteurs vociférants.

Cette jeune maman est heureuse de se recueillir régulièrement un quart d'heure après son travail dans l'église de son quartier, avant d'aller chercher ses deux enfants à la sortie de l'école. Elle aime y méditer et trouve le silence du lieu apaisant.

Cet étudiant est passionné d'astronomie. Il habite hors de la ville, dans une maison accrochée sur les monts d'Auvergne, d'où il peut observer les étoiles par temps clair. L'œil rivé à son télescope, c'est sa façon de se détendre à la veille d'un examen.

Un isolement trop fréquent ou prolongé est un signe d'évitement, voire de crainte sociale. Bien dosé, le retrait est sain parce que vivifiant et générateur de maîtrise de soi.

Le rituel

« Bonjour ! comment vas-tu ?
– Ça va et toi ? Quel sale temps aujourd'hui !
– Tu as raison, il n'y a plus de saisons ! »

Ce type d'échange bref et répétitif, banal en apparence, est en réalité le premier degré de la relation à l'autre. De fait, il contient, à travers des propos anodins, la reconnaissance mutuelle, principe même de la convivialité. Pour beaucoup d'entre nous, la journée ne saurait commencer sans un des rituels suivants :

- Un commentaire des nouvelles du jour avec son marchand de journaux.
- Un petit café sur le zinc, entre habitués, avant le travail.

- Un tour des bureaux pour saluer ses collègues et se raconter une bonne histoire !

Ces rencontres ont également l'intérêt de ne présenter aucun risque, aucun enjeu particulier pour les interlocuteurs, qui peuvent ainsi s'aborder naturellement, « sans défense ». Puisqu'elles sont quasi machinales, elles constituent un bon entraînement à la prise de parole, dans la détente, la courtoisie et la bonne humeur.

Le passe-temps

Le passe-temps est comparable au rituel par son côté conversationnel. Comme son nom l'indique, il consiste à occuper un laps de temps avec la parole.

Ainsi, ces deux voyageurs, un homme et une femme qui ne se connaissent pas, peuvent-ils « refaire le monde » dans le T. G. V. :
« Vous avez vu ces grèves en série ?
– C'est vrai, quel scandale !
– Et quelle image pour la France !
– La Poste, *l'électricité, le métro, les avions…*
– On ne pourra bientôt plus sortir de chez soi !
– Mais, au fait, il n'y a pas une grève de trains prévue aujourd'hui ?
– Pourvu qu'on arrive à Lyon ! »

L'intérêt du passe-temps, outre de « combler un temps » vécu en commun, est de favoriser lui aussi la convivialité, sans entraîner de grands désaccords entre les intéressés étant donné le style très conventionnel des propos échangés. Incontestablement, il met vite à l'aise les « traqueurs » et les réservés. Il constitue lui aussi un excellent entraînement à la répartie et à la créativité verbale. Il arrive qu'il prépare le terrain à des discussions d'un autre niveau. Ainsi, d'une grève annoncée dans une conversation de train peut naître, qui sait, une histoire d'amour !

L'activité

Nous ne limitons pas ici le terme d'activité à la profession exercée ou au travail journalier réalisé pour soi ou dans une entreprise. Son but peut être également la réalisation d'une œuvre ou d'un objectif en commun, en dehors même des tâches quotidiennes. Par exemple :

- Participer à l'escalade du mont Blanc en cordée.
- Construire un bateau à plusieurs copains.
- Organiser une brocante au profit des œuvres sociales d'un cercle caritatif.

On voit bien, en l'occurrence, les avantages de l'activité en équipe. Elle favorise l'engagement physique et l'exercice intellectuel. En outre, elle stimule la volonté de succès, renforce l'amitié en facilitant les échanges verbaux et incite à la prise de responsabilité individuelle dans la réalisation d'un projet.

Nous avons évoqué l'intérêt du chant choral, qui est une activité de groupe à la fois esthétique et dynamisante. Il faut d'ailleurs parler d'un véritable phénomène de société avec les chorales, qui se développent actuellement en France par centaines, dans la mouvance associative. Tous les médecins le soulignent, la pratique du chant est un excellent anxiolytique naturel. Quant aux choristes, ils s'aperçoivent vite, sous l'œil du maître et partition en main, que leur trac s'envole avec les premières mesures. Concentration et responsabilité obligent !

Une autre activité extrêmement bénéfique pour les individus sujets au trac est la pratique du théâtre amateur, qui développe de façon remarquable l'expression orale et corporelle des acteurs, leur mémoire et... un certain goût pour les applaudissements ! Sur les planches, le trac se transforme, souvent dès la première pièce jouée entre amis, en assurance, en maîtrise de soi, en culot parfois. Autant d'atouts que l'on se donne et qui serviront ensuite, ô combien, devant un jury d'examen ou un parterre de journalistes lors d'une interview, tant il est vrai que dans tous les sens de l'expression, « monter sur scène » c'est, par définition, dominer le public !

Les jeux psychologiques (ou stratagèmes)

Nous venons d'évoquer des types de rapports humains qui sont favorables au développement personnel et à l'évacuation des peurs. Nous n'en dirons pas de même des jeux psychologiques, qui sont des échanges à éviter le plus possible. Il s'agit en effet de ces dialogues « piégés » par les mots à double sens, les sous-entendus, les objections embarrassantes dont les effets ne peuvent être que négatifs. Certains interlocuteurs semblent vous entraîner à plaisir dans ce genre de conversation avec l'idée, consciente ou non, de vous coincer. Vous avez certainement été victime, même de la part d'un proche, d'un tel stratagème qui l'incite à relancer sans raison un débat inutile, souvent par une série de « oui, mais ».

Observons comment Jo, à ce petit jeu, prend Éric dans ses filets : « J'hésite entre quatre petites voitures, une française, une japonaise, une italienne ou une allemande. Je ne sais pas quoi faire, il faut que je me décide. Qu'est-ce que tu en penses, Éric, toi qui es de bon conseil ?
– Prends une française, il y a davantage de concessionnaires.
– Oui, mais il faut payer toutes les options !
– Alors, prends une japonaise, tout est compris.
– Oui, mais je n'aime pas leur forme !
– Dans ce cas, achète une italienne.
– Oui, mais j'ai peur qu'elle ne soit pas solide !
– Je crois, Jo, que tu es vraiment prêt pour acheter une allemande !
– Oui, mais elles sont beaucoup trop chères !
– Dis donc toi, tu commences à me gonfler avec tes bagnoles !
– Ne t'énerves pas, Éric ! Finalement, je vais garder ma vieille R5. Elle peut rouler encore longtemps ! »

Et voilà, Éric s'est fait avoir ! Jo n'a aucune envie de changer de voiture, mais il voulait mettre en difficulté le côté « mère poule » d'Éric, ce qui a eu pour effet de raidir ce dernier et de lui donner l'impression d'être pris pour un imbécile !

Que faire face à un « joueur » qui passe ainsi son temps ? Averti, vous repérerez vite son manège... surtout si vous êtes occasionnellement joueur vous-même. (Soyons francs, nous le sommes tous plus ou moins !) Méfiez-vous pourtant : certains « rois du stratagème » font le coup à tout le monde, avec des variantes. C'est leur mode de communication préféré. Ils ont d'ailleurs le choix : quelque quarante jeux psychologiques, du plus innocent au carrément méchant, ont été recensés (nous y reviendrons). Donc, ne perdez pas votre temps : stoppez le jeu tout de suite avec une formule décourageante du genre : « Oh, moi tu sais, les voitures, ce n'est pas mon truc ! »

Vous avez sans doute compris que le « jeu psychologique » n'est pas amusant du tout. Il est au contraire crispant au possible, parce que manipulatoire, générateur de tensions et bien sûr... de trac. À ne pas pratiquer, donc, avant une intervention en public !

L'intimité

Le temps de l'intimité est unique, précieux, riche. Nous pouvons définir l'intimité comme l'« apogée de l'intercommunication » entre deux personnes (ou plus). C'est l'ouverture à l'autre ou aux autres, sans méfiance aucune, sans préjugés ni appréhensions, sans jeux ni enjeux.

Le fait de pouvoir exprimer sans retenue ses émotions à son partenaire ou à ses interlocuteurs, parfois même sans paroles, d'un simple geste ou d'un regard, n'est-il pas le mode relationnel le plus valorisant ? Et n'est-ce pas aussi, quand il n'y a ni risque ni menace, la plus sécurisante et la plus apaisante façon d'échanger ?

Imaginons les scènes suivantes... et surtout, pas de bruit, nous dérangerions les acteurs !

Ces deux amoureux sont bien entendu seuls au monde ; tendrement enlacés au cinéma, ils regardent Les Enfants du paradis. *Ils ne sont plus dans leurs fauteuils, mais dans le film, en totale communion !*

Ce portraitiste qui « croque » le visage d'une petite fille blonde sur la butte Montmartre ne voit pas, n'entend pas les badauds autour de lui. Il est en symbiose complète avec son modèle, radieux sur son tabouret.

Ce promeneur et son superbe épagneul roux sont assis dans l'herbe, après une longue promenade en forêt. Le chien haletant fixe son maître de ses yeux de braise. Celui-ci, sans un mot, soutient son regard et sourit en lui caressant la tête.

Entourée de ses trois petits-enfants, cette grand-mère feuillette un album de photos jaunies. Émue, elle leur présente la famille. Les gamins sont fascinés par ces hommes à longues moustaches et ces femmes à grands chapeaux qui sont leurs aïeux.

Spontanéité, joie de la rencontre, découvertes, fête des sens, rayonnement intérieur, instants d'émotion tendrement partagés, c'est tout cela à la fois, l'intimité. Chacun de nous a besoin de vivre régulièrement ces « temps arrêtés », moments presque secrets parce que si personnels et intenses, en quelque sorte magiques. De fait, ce sont des « temps forts » de l'existence, qui nous donnent leur force ! Si nous connaissons le bonheur de pouvoir nous adosser à un être aimé, à une famille unie, à un cercle d'amis intimes – justement parce que nous partageons avec eux des moments rares –, nous sommes alors beaucoup plus « costauds » dans nos actes quotidiens. Il va sans dire qu'une vie sexuelle épanouie, en soi l'acmé de cette intimité, favorise notre équilibre et une sereine relation aux autres. Assurément, l'amour et l'amitié sont d'excellents gilets « pare-trac » !

Après cet inventaire des six grandes façons d'occuper le temps, il est intéressant pour vous d'examiner votre propre mode de fonctionnement. Sachant, en effet, que notre tendance est souvent d'en privilégier un ou plusieurs au détriment des autres, vous avez tout avantage à repérer vos préférences. Celles-ci peuvent, par leur répétition même, déstabiliser à votre insu votre vie relationnelle et vous rendre vulnérable au trac dans certaines situations sociales inhabituelles. Il est clair, par exemple, que si vous pratiquez exagérément le retrait, vous ne serez guère à l'aise ensuite face à un groupe, quel qu'il soit. De même, en vous enfermant trop fréquemment dans le cocon protégé de l'intimité, vous aurez ensuite du mal à affronter un public.

Pour vérifier si vous répartissez judicieusement votre temps, nous vous proposons une méthode fort simple. Les six modes de structuration totalisant cent pour cent, il vous suffit d'évaluer le plus objectivement possible le pourcentage de temps que vous consacrez à chacun d'entre eux. Après analyse, vous serez à même de rectifier votre répartition, en vous attachant à utiliser votre temps de façon plus harmonieuse. Il s'agit, tout en préservant vos « temps personnels » (soins corporels, culture, créativité, réflexion, distractions, etc.), de valoriser les occupations susceptibles de vous donner des occasions de contact et de renforcer votre confiance en vous. Le chemin qui mène aux autres passe d'abord par soi.

b) Régulez vos tâches

Nous venons de voir comment harmoniser au mieux nos échanges interpersonnels et, avec eux, notre affectivité. Cela nous a permis de constater au passage que l'on peut très bien « occuper son temps », mais aussi « passer le temps », « tuer le temps » et « perdre son temps », suivant les expressions populaires bien connues.

Si une bonne économie de notre système individuel de gestion du temps est donc à même de favoriser notre aisance relationnelle, une répartition calendaire adaptée de nos occupations s'impose parallèlement. Sinon, la nervosité, l'irritation, la peur s'installent au fil des jours. Par enchaînements successifs, il est possible que nous mettions en place une véritable machine à trac et ce, en quatre temps :

- ***Premier temps :*** un individu peut être perturbé plus ou moins longtemps à l'avance par un événement redouté à venir (par exemple, un important débat à arbitrer). Il vit la situation, au fil des jours, comme déjà existante. C'est le temps de l'appréhension.

- ***Deuxième temps :*** l'événement passé (en l'occurrence, un débat très pénible) reste « sur l'estomac » de l'intéressé… qui le digère difficilement, au point de compromettre ses activités quotidiennes. C'est le temps de la répercussion (trac a posteriori).

→ ***Troisième temps*** : pendant cette pénible digestion, un autre débat est annoncé, programmé très près du précédent. À la répercussion en cours, vient s'ajouter chez le sujet une nouvelle appréhension. C'est le temps de chevauchement.

→ ***Quatrième temps*** : le second débat, qui donne lieu à de violents échanges, perturbe davantage encore le sujet fragilisé par la première rencontre. Il se bloque psychologiquement et ne peut gérer ce télescopage. C'est le temps du stress.

Nous sommes ici à la fois dans un schéma de gestion du temps et de gestion émotionnelle, la seconde découlant de la première. Voyons de plus près l'articulation de ces quatre temps, avec un exemple détaillé.

En juin, Jean-Claude est élu président d'un cercle humanitaire qui comporte une trentaine de membres. Il est du genre « anxieux-actif », plein d'idées… et aime prendre des risques ! Il propose à ses amis, bénévoles comme lui, un super programme d'actions sociales pour le dernier trimestre de l'année.
Dès juillet, il demande à chacun de commencer à réunir des lots pour la tombola de la grande soirée de bienfaisance de décembre, qui le tracasse déjà. Mais il faut aussi organiser d'ici là les manifestations qu'il a projetées : deux goûters dans des maisons de retraite, plus une sortie d'enfants en autocar et, pour financer ces trois actions, une vente de vieux vêtements !
Tous les membres apprécient le dynamisme de leur président, mais sont en même temps… effrayés, au fil des réunions statutaires, par ces engagements tous azimuts ! La pression fébrile qu'entretient leur leader est de plus en plus pesante. L'ambiance se détériore progressivement, et l'enthousiasme avec… ***(temps de l'appréhension).***
Les deux goûters en maison de retraite, à quelques jours d'intervalle, révèlent que peu de bénévoles sont disponibles en semaine et les cinq volontaires assurent les deux prestations avec beaucoup de difficultés. Ils prennent du retard dans leurs propres activités

professionnelles et montrent une certaine mauvaise humeur en réunion de quinzaine, ce qui crée une vive tension dans le cercle ***(temps de la répercussion).***
Jean-Claude, inquiet, a bien du mal à gérer la séance qui devient houleuse quand il demande des volontaires pour la sortie des enfants et pour l'indispensable vente de vieux vêtements, le tout dans la même quinzaine ! Les participants aux deux premières manifestations, sollicités à nouveau, se fâchent tout rouge et quittent la réunion en menaçant de démissionner ***(temps de chevauchement).***
Piteux, carrément angoissé, notre président, qui se rend compte un peu tard que son programme était trop ambitieux, téléphone le lendemain à tous les membres pour s'excuser. Il sent que le cercle est démotivé. Ce sont les épouses des adhérents qui sauvent la situation en assurant la braderie de vêtements et la promenade des enfants. Ouf ! merci, mesdames !
À la réunion suivante, Jean-Claude, traumatisé, blanc comme un linge, propose l'annulation du gala de décembre, qu'il se sent incapable d'organiser, et sa démission ***(temps du stress).***
Ses amis, leur calme retrouvé, la refusent en bloc avec le sourire, et ce sont eux qui, finalement, lui remontent le moral.

Point trop n'en faut ! En voulant entraîner ses amis dans une activité frénétique et, surtout, en imposant un calendrier trop serré, ce président à la fois optimiste et fébrile les a vraiment « traqués », stressés, et lui avec ! Dès sa prise de fauteuil en juin, il aurait dû présenter le même programme, pourquoi pas, mais étalé sur six mois et non trois. Ça lui aurait permis en outre de mieux répartir les rôles, avec d'autres volontaires.

La pendule à leurres

Ce comportement d'homme pressé, dont le slogan pourrait être « productivité d'abord » et qui privilégie la multiplication des tâches et la performance, s'observe souvent dans le monde des affaires, où il est de bon ton d'être « débordé ».

Mais la médaille a son revers ! Considérer la pendule avant l'être et accorder une importance exagérée aux notions de vitesse et d'horaires, d'avance et de retard, de délais et de records (d'autant plus qu'on n'exerce pas le métier de transporteur !) expose à de sérieuses désillusions. Ce type de management est susceptible de conduire le personnel d'une entreprise vers une sorte de trac « larvé » et contagieux, puis à l'inquiétude, voire au surmenage, et pour certains collaborateurs, à la dépression. Où est alors le gain de temps et d'argent espéré ?

Notre suggestion : donnez du temps au temps !

➠ Ce trac qui nous saisit juste avant un entretien, un exposé ou une conférence peut, en fait, trouver sa source dans une mauvaise gestion du temps. Pour éviter d'être vous-même aspiré par la « machine à trac », à titre professionnel aussi bien que personnel, prenez le temps... de faire du temps un allié et non un adversaire.

➠ À cet effet :

- Établissez la hiérarchie de vos tâches (différenciez le court terme du long terme).
- Prévoyez un temps suffisant de préparation pour chacune d'entre elles.
- Fixez-vous des objectifs réalistes (étalez vos actions dans le temps).
- Privilégiez toujours la qualité à la quantité.
- Accordez-vous des temps de récupération suffisants après chaque prestation.

➠ Ainsi, vous ne redouterez pas des semaines durant l'événement attendu, mais le verrez arriver avec plaisir[1].

1. Voir à ce sujet l'ouvrage très pertinent de Jean-Louis Servan-Schreiber : *Le Nouvel Art du temps : contre le stress* (Albin Michel ; 2000).

Le temps retrouvé

➢ Qu'est-ce qui mesure environ quinze centimètres sur dix pour un centimètre d'épaisseur, que vous portez toujours sur vous, que vous regardez plusieurs fois par jour et qui vous mène par le bout du nez? Votre agenda, bien sûr!

➢ Si vous n'y prenez pas garde, ce petit «carnet de route» ne demande qu'à devenir lui aussi une redoutable machine à trac. Il vous suffit pour cela de remplir inconsidérément de rendez-vous ses colonnes, et vous voilà parti, au gré des ordres que vous donne ce patron tyrannique!

8 h, bureau; 9 h, aéroport; 10h30, réunion Marseille; 13 h, déjeuner représentants; 15 h, visite clients; 18 h, réunion Novotel Toulon; 20 h, aéroport, retour Paris; 22 h, téléphoner Robert changement secteur; 23 h, télévision, reportage usine sur la 3.

➢ Journée professionnelle des plus classiques, certes inévitable pour un chef des ventes. Nous disons cependant : attention, danger! Répété deux cents fois par an, en tension permanente, sans marge de sécurité ni retraits bienfaisants, un tel planning favorise l'irruption d'insidieux microtraumatismes psychologiques, à la longue générateurs de trac, sinon de fatigue nerveuse.

➢ Alors, comment faire de votre agenda, non plus un maître, mais un ami, voire un protecteur? En l'aérant, c'est-à-dire en ménageant entre vos rendez-vous davantage d'espaces libres. Ils constitueront autant d'«aires de repos» sur votre autoroute du temps!

2. Le trac en héritage

a) Donnez-vous des permissions

Freud et nombre de psychiatres pensent que, pour chacun de nous, tout se joue avant 7 ans. À cet âge, après avoir intégré les directives de nos parents biologiques ou substitutifs, nous avons déjà établi un plan de vie prenant en compte les interdictions et les permissions reçues. Ce plan, que nous complétons ensuite avec les conseils de nos divers éducateurs, nous permet de définir une sorte de système de croyances qui devient notre cadre habituel de référence. Ainsi, les jugements de valeur, règles et autres principes qui nous ont été inculqués peuvent devenir de véritables consignes que nous ne manquons pas de respecter, parfois une vie entière.

Nous devons au psychosociologue américain Taibi Kahler le repérage des cinq injonctions qui nous animent dans notre structure du temps, et auxquelles nous obéissons souvent instinctivement. Ces messages contraignants que notre petite voix intérieure nous transmet sont les suivants :

SOIS PARFAIT – FAIS PLAISIR – ACHARNE-TOI –
SOIS FORT – DÉPECHE-TOI.

Ces slogans d'apparence bien inoffensive ont en réalité un effet pervers, car ils sous-entendent : « Sois ceci ou fais cela… sinon il t'arrivera – ou il ne t'arrivera pas – telle chose ! »

Bien entendu, on ne manque pas de percevoir, derrière la prédiction, l'esprit culpabilisant de notre civilisation judéo-chrétienne. Nous sommes souvent inféodés à l'un de ces messages (parfois deux) sans en avoir toujours conscience. Nous vous laissons le soin de démasquer, derrière les croquis brossés ci-après à grands traits, celui ou ceux qui sont chez vous aux commandes !

Sois parfait

M. ou Mme Sois parfait, comme l'injonction l'indique, est un personnage qui se veut irréprochable, aussi bien dans son langage, ses gestes, sa tenue vestimentaire que dans son comportement. Il attend la même attention, la même correction de la part des autres et explique ses échecs éventuels par leur laxisme, qu'il ne manque pas de déplorer à la moindre occasion dans ses rapports professionnels ou personnels. Il sait, bien entendu, que la « perfection n'est pas de ce monde », ce qui l'amène quand il est comptable à refaire sur le papier les additions de sa calculette ! Il s'évertue sans cesse à se justifier, à se contrôler, à s'améliorer.

Son discours est très organisé, définitif, avec une recherche constante du mot juste, une prudence verbale assortie de séries de « en quelque sorte », « si l'on peut dire », « il serait hasardeux d'affirmer » et beaucoup d'adverbes comme « exactement » ou « précisément ». Son attitude corporelle est rigide, ses gestes marqués, ses doigts semblent compter en permanence, et son index pointe d'une manière toute parentale les gens et les choses. Son regard inquiet le trahit : il donne l'impression de se vérifier dans celui des autres.

Il est évident que cette manière d'être, toujours insatisfaite, perfectionniste par définition, aux antipodes de la simplicité, conduit tout droit aux hésitations, aux erreurs... et au trac devant un groupe !

Fais plaisir

M. ou Mme Fais plaisir est par excellence au service des autres et à leurs petits soins. Il se sent en quelque sorte missionné pour chercher en permanence ce que désirent ceux qui l'entourent... et satisfaire leurs moindres souhaits. Ce soldat de l'altruisme, toujours à l'écoute, est un observateur-né qui aspire à précéder la ou les demandes de son entourage.

Il ne s'occupe pas de ses besoins ou en tout cas les néglige. Son plaisir, c'est le plaisir d'autrui. Toujours sur le qui-vive, les sourcils relevés comme pour mieux voir, le visage légèrement tourné comme pour mieux entendre, le corps penché vers son vis-à-vis, il l'aide même jusque dans sa pensée en lui offrant des idées et l'assiste lorsqu'il parle, en terminant ses phrases ! Il n'a pas d'opinions marquées, ou ne veut pas les afficher au risque de déplaire ; il est donc toujours de l'avis du dernier qui parle. Il se complaît dans la problématique de l'autre, s'identifiant à lui pour mieux le comprendre. Que veut-il, sinon s'en faire aimer, comme il voulait, étant petit, être aimé de ses parents ? Or, c'est bien difficile pour ses interlocuteurs, qui ont devant eux quelqu'un toujours d'accord et n'affirmant pas sa personnalité. Sans compter ceux qui ne comprennent rien à sa démarche et reçoivent sans rien donner en retour !

Devant un groupe ou une personne, il a tellement peur de décevoir et de ne pas être aimé qu'il peut tenir des propos démagogiques, voire contraires à sa pensée. Une logique de mensonge qui l'emprisonne et le conduit tout droit dans les filets du trac.

Acharne-toi

Le credo de M. ou Mme Acharne-toi s'exprime ainsi :
- Dans la vie tout est difficile.
- Rien ne peut être obtenu sans peine.
- Il faut en permanence s'appliquer.
- Les autres aussi doivent faire des efforts.

Partant de ces postulats, le personnage est à l'évidence constamment contracté, crispé. Il a conservé des réflexes scolaires d'application, des souvenirs de brouillons sans cesse refaits pour la moindre note, la moindre lettre. Ce côté « cent fois sur le métier, remets ton ouvrage » en fait un esclave du travail (il y a du « Sois parfait » dans « Acharne-toi »). Considérant que tout effort est personnel, il ne supporte pas d'être aidé. C'est la raison pour laquelle il s'empresse, en majorant verbalement la difficulté, de décourager la personne qui veut l'assister dans ses tâches. Si celle-ci tente malgré tout de se rendre utile, il se cabre et refait le travail à sa manière... même si l'idée d'autrui est meilleure. Il considérerait d'ailleurs comme une « faute » d'accepter le moindre conseil.

Acharne-toi se noie dans les détails, pose beaucoup de questions mais ne tient pas souvent compte des réponses. Son vocabulaire regorge de mots comme « difficile », « problèmes », « ennuis », « raté » et la phrase « je n'ai pas le temps » revient souvent dans son discours. Au vrai, il manque toujours de temps pour tout. D'ailleurs, il ne fait pas les choses, il « essaie de faire », selon sa propre expression. On en vient parfois à le soupçonner de ne pas vouloir aboutir dans ce qu'il entreprend : pour lui, la réussite compte moins que l'effort !

Son attitude semble rêveuse, parce qu'il est toujours en train de réfléchir. Son réflexe devant toute proposition est évidemment le doute, la perplexité. Tel *Le Penseur* de Rodin, coude sur le genou, regard au plafond, il semble exprimer une souffrance interne. Il n'est en fait à l'aise que dans la tâche. Ce côté « bourreau de travail » est bien entendu à l'opposé de la détente. Il a le trac en permanence à fleur de peau !

Sois fort

Nous avons déjà fait indirectement allusion à ce message dans le chapitre consacré aux émotions. Il porte en lui la consigne « ne montre pas tes émotions », largement en vigueur aujourd'hui dans notre société. L'enfant qui a intégré un Sois fort croit que toute démonstration affective (pleurs, plaintes, apitoiement, tendresse, etc.) le fera passer pour une mauviette auprès de sa famille et de ses camarades. En grandissant, il se garde donc bien de montrer le moindre trouble, pour apparaître insensible aux yeux des autres, même et surtout s'il souffre. Ce comportement tout en retenue se traduit physiquement par des signes de rigidité :

- Les bras et les jambes sont fréquemment croisés, en « défense » permanente.
- Les gestes expriment souvent le refus du contact. L'individu ne tend pas facilement la main et n'embrasse qu'à regret et furtivement, gêné lorsqu'une joue se tend vers lui !

- Le visage reste impassible, très contrôlé. Aucune mimique, pas de sourire, nulle lumière dans le regard ne viennent l'éclairer; les émotions semblent glisser sur lui comme sur une toile cirée.

En vérité, il se refuse le droit d'être ému, parce qu'il a peur de ses propres réactions. Le comble de l'horreur pour lui serait que les autres soient témoins de sa faiblesse. Même sa parole est déguisée. Ainsi, tout en offrant un masque de cire, il a volontiers le verbe ironique à l'adresse de ceux qui l'entourent, notamment lorsqu'il occupe une certaine position hiérarchique. Il exhorte alors volontiers autrui à l'insensibilité, comme on l'a fait pour lui jadis :

- « Vous n'allez tout de même pas vous mettre à pleurer pour si peu ! »
- « Il ne vous faut vraiment pas grand-chose pour vous donner des vapeurs ! »
- « Allez, mon vieux, du nerf, pas de jérémiades entre nous ! »

De fait, que d'artifices, d'énergie contenue, de volonté mal investie dans ce personnage ! Pour tenir son rôle, car il en joue un, et cacher son trac d'être découvert, il faut effectivement, tout le temps et devant tous, que M. Sois fort... soit fort !

Dépêche-toi

Pour Dépêche-toi, tout doit être fait en vitesse ! Plus exactement, il faudrait pour lui que tout soit fini avant d'être commencé ! Ce n'est pas qu'il soit en retard, mais il se sent en retard, il vit dans le retard, sans savoir d'ailleurs par rapport à quoi ! Sa croyance est qu'il ne peut être en accord avec lui-même qu'en se dépêchant, quelle que soit l'action entreprise. Dans ces conditions, il arrive que la tâche engagée soit bâclée. D'ailleurs, il a souvent la réputation de quelqu'un qui commence beaucoup de choses et ne les finit pas. Pour cette raison, il est très pénible de travailler avec ce cavalier qui chevauche plusieurs montures en même temps et qui cravache tout le monde, par peur d'être en retard. Son mode de fonctionnement est évidemment l'agitation.

Nerveux, fébrile, impatient, les sourcils froncés, les mâchoires serrées, il court plus qu'il ne marche, et parle d'abondance. On s'en doute, il est inquiet de nature, et dans ses relations avec les autres, une bonne partie de sa « conversation » tourne autour de l'horloge et du calendrier ; souvent sur un mode pressant ou interrogatif.

- « On en a pour combien de temps ? »
- « À quelle heure on démarre ? Qu'est-ce qu'on attend ? »
- « Ce sera fini quand ? »
- « Ça y est, je suis à la bourre ! »
- « J'en ai pour une seconde ! »
- « Allez, grouillez-vous un peu ! »

Il exaspère les autres mais il est lui même excédé par leur immobilisme. Il les trouve mous, lents, incapables de prendre une décision rapide. Bref, M. ou Mme Dépêche-toi n'est pas facile à vivre. C'est la fuite du temps (la peur inconsciente de la mort) qui lui donne le trac... Dans son excitation, il réussit à le communiquer à tout le monde !

Vive la liberté !

Bien sûr, ces cinq portraits frisent la caricature, mais sont-ils si éloignés de la réalité ? Nous connaissons tous ces types de personnages, certes avec leurs variantes... et peut-être présentons-nous quelques traits de comportement de l'un ou de plusieurs d'entre eux.

Ils ont en tout cas un point commun : ces « conducteurs » (*drivers* en anglais) hérités de notre éducation conduisent tous vers le trac ! Une bonne raison pour s'en débarrasser, maintenant que nous les avons identifiés. Mais soyons honnêtes, ce n'est pas si facile, surtout lorsqu'on vit avec eux depuis de longues années ! Comment retrouver votre autonomie après cette prise de conscience ? En changeant progressivement de conduite. N'oublions pas que, dans cette seconde partie de notre ouvrage, plus que des « trucs antitrac », nous voulons vous proposer un traitement de fond, pour aboutir durablement à une modification de vos comportements.

L'important est d'accepter le fait que ces messages contraignants ci-dessus inventoriés sont des croyances, et que, dans la mesure où celles-ci sont effectivement gênantes dans votre vie quotidienne, vous pouvez vous en séparer. Il s'agit, en l'occurrence, de les remplacer par des permissions.

Pour chaque type, les libertés temporelles suivantes seront donc à conquérir :

- *Sois parfait :* il m'est possible de ne pas être parfait en permanence.
- *Fais plaisir :* je n'ai pas à faire plaisir sans cesse à tout le monde.
- *Acharne-toi :* je ne suis pas obligé de faire des efforts tout le temps.
- *Sois fort :* je peux éprouver des émotions et prendre le temps de les partager.
- *Dépêche-toi :* j'ai le droit de faire les choses sans me presser.

La façon la plus simple de vous libérer est de vous mettre d'abord à l'écoute de vos émotions et de vos désirs réprimés. Rien ne vous interdit ensuite d'appeler la méthode Coué à la rescousse !

Notre suggestion : osez !

- Les effets bénéfiques de ces « permissions » que vous avez décidé de vous accorder dépendent de vous mais également de la réaction des autres. D'une part, ils ont leurs droits et leurs besoins, d'autre part, s'ils peuvent vous aider à progresser, ils peuvent aussi, en empiétant sur votre temps, réduire à néant une bonne partie de vos efforts pour évacuer le trac.
- Vous devez donc oser :
  - – Vous donner la faculté de vous libérer de vos contraintes temporelles à type d'injonctions perverses, mais la donner également à autrui (en lui proposant votre aide).
  - – Accepter de partager du temps avec les autres pour recevoir et échanger des informations (sans tomber, en entreprise, dans la « réunionite »).
  - – Demander aux autres de prendre le temps de vous faire leurs remarques et critiques (c'est ainsi que Sois fort apprendra l'humilité et le goût du contact).

– Refuser que l'on vous vole trop de temps (attention aux « intoxiqués du téléphone » et aux « envahisseurs » qui s'installent dans votre bureau ou chez vous !).

➠ Une telle économie du temps est directement liée, nous le constatons, à une bonne gestion de notre relation aux autres. C'est aussi le bon contrôle de votre niveau de stress, et donc de votre trac, qui est ici en jeu.

b) Supprimez l'urgence

« Il n'y a pas d'urgence, il n'y a que des gens pressés ! » Quand j'ai lu cette maxime pour la première fois, affichée dans un bloc opératoire, je l'ai vraiment trouvée déplacée ! J'ai compris ensuite que cette plaisanterie de carabin s'adressait aux chirurgiens : elle leur recommandait de prendre le temps de bien diagnostiquer et de planifier leur intervention avant d'opérer.

Les médecins du SAMU connaissent aussi l'importance de cette précaution, quand ils sont appelés au téléphone. C'est la précision de leurs questions – en apparence toujours longues – qui leur permet, par exemple, de différencier une crise d'angoisse d'un infarctus du myocarde, justifiant, lui, une intervention d'urgence.

Sans du tout nier l'existence de l'urgence (du latin *urgens,* pressant), il faut admettre que beaucoup d'entre nous la fabriquent de toutes pièces… et le trac qui en découle avec !

Jean-Marc, jeune ingénieur en téléphonie à Paris, doit prendre le T. G. V. dans une heure, pour aller animer un séminaire de vente d'une journée à Valence. Alors qu'il pouvait partir tranquillement à la gare de son domicile, il décide – c'est plus fort que lui – de passer au bureau pour envoyer un fax. Sur place, il est bien entendu assailli de coups de fil, puis de courriers à signer, sans importance particulière, mais qui le mettent très en retard. Sa secrétaire appelle ensuite désespérément un taxi pendant un quart d'heure, mais n'en trouve pas du fait des embouteillages. C'est classique quand il pleut !

En catastrophe, Jean-Marc se résout à prendre le métro. Son T. G. V. part dans vingt minutes. À la correspondance de Palais-

Royal, il fonce dans les couloirs, son gros sac de voyage en bandoulière, arrive sur le quai pour sauter dans la rame… et s'aperçoit qu'il s'est trompé de direction : il est en train de filer vers Étoile au lieu de Château de Vincennes. Changement de quai à la station suivante, attente exaspérante d'un autre métro, et redépart vers la Gare de Lyon…
Arrivé Gare de Lyon, plus que cinq minutes. Zut ! le long tapis roulant qui conduit aux T. G. V. est en panne… Jean-Marc s'affole et pique à nouveau un sprint, hors d'haleine, bousculant tout le monde avec son sac ballottant et trop chargé… Il ne trouve plus son billet, et finit par le retrouver dans sa poche : voiture 2, place 36… un coup d'œil au tableau d'affichage. Train 858, quai E, départ 10 h 32. Plus que deux minutes. L'aura, l'aura pas ? Encore un escalier roulant… Notre météore déboule sur le quai. Évidemment, la voiture 2 est en tête du train. « Attention au départ pour Lyon, Valence, Avignon et Marseille », clament les haut-parleurs. Un dernier cent mètres et il bondit dans son wagon, juste à temps ; les portes se ferment derrière lui.
Plus de place pour son sac dans le porte-bagages. Jean-Marc doit déranger une dame pour rejoindre son coin fenêtre, renverse sa bouteille d'eau, s'excuse et s'affale sur son siège, exténué, en sueur, avec son énorme sac sur les genoux. Avec un petit sourire aussi, alors que le convoi prend son élan. Comme à chaque fois qu'il part, il a l'impression d'avoir gagné un marathon, et un frisson de plaisir mêlé d'angoisse le parcourt à la pensée qu'il a failli rater son train… Souffle retrouvé, une pulsion le saisit : il sort son téléphone mobile extraplat – cette « boîte à trac » ambulante – pour appeler sa secrétaire, histoire de voir si l'on survit au bureau, sans lui et son stress…
« Contrôle des billets ! » Le préposé à casquette étoilée interrompt le bavardage de Jean-Marc, pour constater que ce dernier n'a pas composté son billet et lui infliger l'amende de rigueur.
La rançon de l'urgence !

Un exemple parmi cent du « sacrifice à l'urgence » que vous voyez s'exercer à longueur de journée autour de vous… ou que vous vivez peut-être vous-même.

Jean-Marc vient de nous démontrer l'aberration de la course folle dans laquelle, à l'évidence, il se complaît. Aujourd'hui, c'est un train attrapé de justesse, avec les tribulations de circonstance. Demain, il réitérera ses exploits au théâtre, en déboulant bruyamment dix minutes après les trois coups, au grand dam des spectateurs dont il écrasera les pieds avant d'atteindre sa place !

Nous retrouvons ici le comportement de M. Dépêche-toi, avec toutefois une différence subtile : ce dernier *croit* qu'il est en retard, alors que M. Urgence *s'arrange* pour être en retard. Si les inconvénients ravageurs de cet autoconditionnement à l'urgence sautent aux yeux, nous pouvons aussi nous demander quels en sont les avantages pour le « joueur » (car il s'agit bien, là encore, d'un jeu psychologique). En fait, notre amateur d'émotions fortes y trouve son compte, pour plusieurs « bonnes » raisons très personnelles :

- Il aime se donner de l'importance (« Ma secrétaire est témoin que je travaille vite et beaucoup ! »).
- Il adore se faire peur et s'offrir un brin d'aventure avec le « petit trac » assorti (« Vais-je gagner ma compétition contre le T. G. V. ? »).
- Il a envie de se faire remarquer au risque de déplaire (« Je dérange mes voisins dans le train ou au théâtre, mais je m'excuse et finalement ils me pardonnent. »).
- Il reproduit ainsi un « schéma d'urgence » datant de son enfance (« Ma mère faisait sensation en arrivant toujours en retard ! »).
- Il se fabrique des souvenirs « palpitants » (« Je constitue ainsi un stock d'histoires à raconter aux amis ! »).

Il y a fort à parier que notre héros du T. G. V., encore sous le coup de son voyage mouvementé, ne s'est pas trouvé dans les meilleures conditions de sérénité pour animer son séminaire. Il aura bien trouvé le moyen de faire une entrée stressante (« J'ai oublié mon dossier à l'hôtel, je reviens tout de suite ! »), parce que *le trac se nourrit de trac,* nous l'avons indiqué. Et la précipitation est un plat délectable pour le traqueur volontaire.

« Il ne faut pas confondre vitesse et précipitation », dit un vieux proverbe. Pourtant, curieusement, alors que les outils modernes de la communication devraient alléger et ralentir nos gesticulations, ils les multiplient, les accélèrent… et nous angoissent ! Parce que nous

Minute !

➢ Clepsydres, cadrans solaires, sabliers, horloges, pendules, montres de gousset puis montres-bracelets, la liste est longue des instruments que l'homme a inventés au fil des siècles pour « retenir » le temps qui passe.

➢ Mais il nous file toujours entre les doigts, comme l'eau ou le sable des premières machines conçues pour le mesurer... Aujourd'hui, les montres à cristaux liquides qui font défiler les millièmes de seconde à notre poignet nous montrent mieux encore la fluidité du temps et la vertigineuse rapidité avec laquelle il s'écoule. Est-il linéaire dans sa course, comme l'imaginent les Occidentaux, ou circulaire, ainsi que le perçoivent les Orientaux ? En attendant, il file, symbole de lendemains riants, pour les optimistes, compte à rebours de la vie qui s'en va, pour les pessimistes.

➢ Au quotidien, plus encore que notre agenda, notre montre du XXe siècle, cette merveille de précision, peut faire de nous les plus malheureux des esclaves. Comment ne pas se laisser étourdir par sa ronde folle ? Tout simplement en prenant de l'avance sur elle. Cette avance d'un précieux quart d'heure, qui vous permet de prévenir une panne de métro ou de remplacer une roue crevée, sans compromettre votre rendez-vous ; de prendre votre train ou votre avion sans stress, d'arriver détendu à votre réunion, de souffler avant votre examen... Bref, de maîtriser toute tentative d'installation du trac.

➢ Il suffit pour cela, sans retard, de remettre votre montre à l'heure !

le voulons bien. Hors de tout conditionnement, nous sommes aussi capables de calme et de maîtrise…

Il est urgent de ne plus urger !

À bien y regarder, les bénéfices que l'on tire d'un « état d'urgence » perpétuel sont loin d'être évidents. Si vous vous reconnaissez dans l'exemple de Jean-Marc, sachez bien que :

- L'entourage d'une personne pressée ne confond pas longtemps son agitation et son efficacité.
- Un trac « entretenu » crée une autotension permanente (quand il ne provoque pas un ulcère à l'estomac !) ; il est bien différent du trac occasionnel, qui constitue un coup de fouet motivant et créatif.
- On peut établir des relations avec les autres sans les mettre sous pression.
- Il est possible de rompre avec un comportement acquis dans l'enfance (mimétisme de l'urgence), à condition de s'en donner la permission (voir plus haut).
- Les souvenirs de situations stressantes, sans cesse racontés, sont susceptibles d'entretenir un trac rétroactif... ce qui n'est pas le but recherché.

En clair, c'est le moment de vous dire que votre temps de l'urgence est révolu ! Puisqu'une image vaut mille mots, imaginez que vous enlevez le gyrophare et coupez la sirène qui faisait de vous... une ambulance !

CHAPITRE VIII

Changez de regard !

VOUS venez de constater l'intérêt de prendre votre temps dans vos actes quotidiens, afin de mieux maîtriser le trac. Dans ce dernier chapitre, pour en finir – de façon très pacifique – avec notre gentil lézard, nous souhaitons tout simplement vous donner les moyens de « prendre vos distances » vis-à-vis de lui.
Nous avons pu mesurer, tout au long de ce livre, l'importance de la préparation de toute prise de parole. Nous allons en approcher maintenant le détail, sous l'angle de l'indispensable organisation, tant matérielle que relationnelle. Nous verrons que s'adresser à un public, c'est à la fois le reconnaître et se respecter. Nous verrons comment s'affirmer sans crainte, et nous vous démontrerons que le rire et l'humour constituent les meilleurs des remèdes.
Anticiper l'action, s'imposer sans se prendre au sérieux sont nos deux thèmes finaux. Puissent-ils achever de vous armer contre le trac !

1. L'action anticipée

a) Soyez organisé

Nous venons de voir que, dans notre vie, il y a un temps pour tout. Il s'agit moins de noircir notre agenda de rendez-vous et d'accumuler les heures d'activité, ou pire, de rechercher le rendement à toute force (moyen infaillible de provoquer le trac), que d'organiser nos journées suivant notre rythme personnel.

Il est recommandé de circuler sur l'autoroute en s'arrêtant toutes les deux heures. Certains d'entre nous peuvent rouler davantage, d'autres ont besoin de temps d'arrêt plus fréquents. De même, dans votre vie (personnelle, professionnelle, associative, sportive...) vous pouvez être du « matin » ou du « soir », avoir des capacités de concentration plus ou moins longues, vous fatiguer rapidement ou non... C'est doté de ces facultés que vous devez dialoguer, établir ou entretenir des relations, faire un exposé, montrer votre créativité ou réaliser des performances.

L'essentiel tient en deux points :
– Vous devez vous sentir disponible, physiquement et moralement, au moment de l'accomplissement d'une tâche ou d'une action.
– Vous devez toujours finir l'œuvre entreprise.

Cette notion de « bouclage » est très importante. Mieux vaut bien faire un travail, même lentement si sa complexité l'exige, mais l'achever, que de multiplier les tâches de toutes sortes et de les laisser... en plan !

Les choses commencées et non menées à terme sont autant de dossiers laissés ouverts, de « béances » qui préoccupent le psychisme, consciemment ou non, et entretiennent un trac diffus, voire une nervosité inutile, pouvant déboucher sur un stress durable[1].

1. Pour en savoir plus sur le stress, reportez-vous à l'ouvrage de Dominique Chalvin : *Faire face aux stress de la vie quotidienne* (E.S.F. ; 1991).

❦ *L'organisation matérielle : un dispositif anti-trac*

Depuis plus de trente ans, je n'ai pas trouvé de meilleure méthode que de « mettre en fiches » au préalable toutes les manifestations que j'anime, qu'il s'agisse de stages, d'exposés professionnels, de dîners-débats, de soirées associatives, de spectacles ou de présentations diverses. Ces morceaux de carton (de format 12 x 20 cm pour être précis !), de couleurs différentes, suivant les séquences, me permettent non seulement de rédiger mon intervention, mais d'en visualiser l'articulation avant son existence même, au fur et à mesure de sa composition (nous avons insisté plus haut sur la pratique de la visualisation).

Suivant le programme prévu, je dispose ainsi de fiches titrées et numérotées dont les contenus respectifs sont par exemple :

- Matériel à emporter (sonorisation, magnétophone, câbles).
- Disposition de la salle (tables, téléviseurs, projecteurs, écrans).
- Programme général (découpage séquentiel et horaire).
- Introduction (mot de bienvenue).
- Accueil (liste nominative des personnalités à présenter).
- Plan de l'exposé (idées à développer, anecdotes, données chiffrées).
- Textes divers (en cas de temps à combler).
- Jeux (programme de divertissements et matériel d'animation), etc.

Une telle organisation, simple, pratique (assortie d'un repérage des lieux si possible), me permet d'avoir pour ainsi dire ma prestation en poche... et l'esprit détendu, *avant* (avec le recensement des outils nécessaires) et *pendant* l'événement (avec le déroulement des séquences).

Elle constitue bien entendu une solide parade au trac et aux problèmes de tous ordres qui peuvent survenir lorsque l'on arrive sur place (logistique, retards, imprévus). Même si le « conducteur » préalable doit être partiellement modifié, il sert de base à une nouvelle et rapide planification, en toute tranquillité. Je n'hésite pas à affirmer que le temps consacré à cette préparation (entre une et deux heures) contribue pour cinquante pour cent à la réussite attendue.

Une petite astuce : remplissez vos fiches au crayon. Vous pourrez ainsi facilement gommer et apporter les (inévitables) rectifications nécessaires en cours de route.

L'organisation relationnelle : communiquer, c'est prévoir

« L'enfer, c'est les autres » dit Jean-Paul Sartre. Ce n'est pas forcément vrai, si l'on s'applique à définir au préalable avec eux une relation réaliste, avec un échange précis d'informations. Supposons que vous soyez invité par une amicale sportive à venir un soir parler devant ses membres de votre dernier rallye moto dans le Sud saharien. Il est toujours préférable, dans la mesure du possible, de vous ajuster au désir des gens quant à la forme d'une prestation. Or, vous ignorez tout de cette amicale, de ses habitudes... et le trac vous chatouille un peu.

Pour préparer vos fiches, vous avez tout intérêt à poser à l'organisateur responsable, s'il ne vous a pas déjà clairement précisé ces points, les questions suivantes :

- La salle est-elle sonorisée ?
- Qu'attendez-vous de moi (un discours technique, touristique, économique) ?
- Quel est le style souhaité : une causerie magistrale, un court exposé suivi d'un débat, un jeu de questions-réponses, une projection de film ou de diapositives commentée (dois-je prévoir du matériel) ?
- À quel moment est fixée mon intervention (avant, pendant ou après le dîner) ?
- Quel sera mon temps de parole ?

Vous pouvez ainsi mettre en scène la soirée et quasiment vous la « jouer » sur votre écran mental. Une grande part de votre tension s'évacuera avec cette première représentation, puisque vous ne serez plus dans l'inconnu, générateur de trac.

Restent les aspects psychologiques de votre prestation. Les conférenciers professionnels le savent bien : communiquer ne veut pas forcément dire qu'il y a accord parfait entre l'émetteur et le récepteur. D'ailleurs, les conférences réussies sont souvent celles où des points de vue différents s'échangent, au moment des questions. C'est aussi l'occasion pour certains invités – alors qu'ils vous ont aimablement écouté et n'ont rien contre votre personne – de soudain se « rendre intéressants » devant leurs amis, ou de décharger leur agressivité avec des questions « vicieuses ». Il convient donc de vous attendre à recevoir des critiques (et donc de les prévoir). Pour reprendre l'exemple de votre conférence sur votre rallye moto au Sahara, elles pourront prendre les formes suivantes :

- « Ne croyez-vous pas qu'il est fâcheux d'aller troubler des populations nomades avec des engins mécaniques ? »
- « N'est-ce pas une version moderne et perverse de colonialisme ? »
- « Ne vaudrait-il pas mieux leur apporter un savoir-faire qu'un tel spectacle pétaradant ? »
- « Ne trouvez-vous pas honteux de polluer de la sorte des espaces encore vierges du globe ? »

Répondre à ces objections fait partie de votre rôle (et de votre préparation). Sans pour autant devenir agressif ou ironique à votre tour, ni vous draper dans la tunique de l'offensé en formulant votre réponse. C'est toujours le raidissement et une attitude défensive qui déstabilisent et installent l'anxiété chez l'orateur. Cette déstabilisation est d'ailleurs souvent le but recherché par « l'agresseur » ! Il s'agit pour vous de laisser parler votre interlocuteur – qui ne demande que cela – et de lui indiquer calmement que vous comprenez son point de vue, sans toutefois forcément le partager. Il ne convient pas de lui faire plaisir par démagogie. Surtout, restez souple (respirez profondément !), demeurez attentif et souriant en respectant le droit d'expression de chacun. Il y a de grandes chances alors pour que l'attaquant, à bout de munitions, cesse le feu !

Notre suggestion : vivent les critiques !

➠ Au risque de vous surprendre, nous sommes favorables aux débats contradictoires. Sous réserve de rester dans le cadre d'un échange courtois, les dialogues un peu vifs aguerrissent. D'une part, ils sont créatifs par les idées qu'ils apportent, d'autre part, ils renforcent les énergies et le stress positif, puisqu'ils obligent à se surpasser.

➠ Avec une certaine expérience de la prise de parole, que ce soit dans une association, ou encore devant des vendeurs, des médecins ou des avocats, vous attendrez de pied ferme et avec plaisir les contradicteurs, car vous verrez grâce à eux votre trac s'estomper.

➠ Plus vous animerez de débats, plus vous constaterez que vous vous enrichissez et vous vous «blindez» davantage à chaque fois que vous recevez des remarques et des critiques. Vous découvrirez que l'important n'est pas d'avoir raison, mais de raisonner... ensemble.

b) Partagez vos projets

Dans le premier chapitre de cet ouvrage, nous remarquions que l'orgueil nous fait souvent cacher notre trac. Or, plus nous nous efforçons de le dissimuler aux yeux du public, plus celui-ci a des chances de s'en rendre compte.

«Ce n'est pas sans une certaine émotion que je m'adresse à vous», clamaient autrefois habilement les politiciens pour se détendre, en débutant leur discours.

Aujourd'hui, l'aveu est plus direct : « Vous voudrez bien me pardonner le trac que j'éprouve en ouvrant cette séance», entend-on parfois sans que cela ne choque personne. L'avantage de cette attitude est double : l'assistance apprécie votre simplicité, et votre émoi s'évapore du même coup.

Or, si nous sommes capables de faire part de notre trac à un auditoire, pourquoi ne pas anticiper la démarche et nous confier auparavant à des interlocuteurs privilégiés pour diminuer la pression ? Nous avons vu plus haut que certains évacuent leur tension avant une épreuve en communiquant avec eux-mêmes dans un retrait bienfaisant. Cela peut se traduire par une séance de relaxation, l'écoute d'une musique douce, une marche ou un footing. D'autres choisissent de parler de l'épreuve à venir avec quelqu'un et, ainsi, d'en partager le déroulement avant de l'affronter. Ils se livrent pour cela à un interlocuteur privilégié, qui sait écouter sans juger ou conseiller à tout prix. L'évocation verbale sert pour ainsi dire de répétition, de soupape de sécurité, et évacue du même coup le trac d'anticipation. À chacun sa méthode.

Julien se présente au concours d'entrée en première année de médecine demain matin. Il se sent fin prêt et sait que cela ne sert plus à rien de réviser. Pourtant, il est énervé et ne trouve pas le sommeil. À minuit et demi, après quelque hésitation, il téléphone à Claudine, sa meilleure amie... pour prendre de ses nouvelles ! Claudine, qui dormait profondément, a d'abord du mal à émerger. Mais, en retrouvant ses esprits, elle comprend l'appréhension de Julien, puisqu'elle a présenté et réussi le même concours l'année dernière. Elle passe en revue avec lui les épreuves de la journée qui s'annonce. Son écoute attentive, sa voix douce et calme, son sens de l'humour décontractent Julien. Après une heure et demie de conversation, notre candidat s'endort paisiblement... Il sera en forme demain. Claudine mérite bien le bouquet de fleurs qu'elle reçoit, ravie, deux jours plus tard.

Aurélia est une passionnée de parachutisme et veut améliorer son record de saut en chute libre. Ce dimanche matin, dans le vieil avion de l'aéro-club qui a du mal à grimper à 4000 m, sanglée dans sa combinaison orange, casquée et lunettée, elle se sent soudain prise d'un agaçant tremblement qu'elle connaît bien. Sans savoir pourquoi, la jeune femme, pourtant chevronnée, éprouve un supertrac avant de se lancer dans le vide, avec ses copines. Pas question de parler au pilote, en grande discussion avec la tour de contrôle, ni à l'instructeur, occupé à vérifier tous les mousquetons des parachutes, pas plus d'ailleurs qu'aux autres concurrentes qui échangent des banalités sur leur banc pour conjurer leur frousse.
Alors, dans son coin, Aurélia sort les photos de son mari et de son fils, qui ne la quittent jamais... et se met à bavarder mentale-

ment avec eux : « Je veux battre mon record, pensez à moi, vous deux ! » En cinq minutes elle est regonflée, détendue, et insiste pour sauter la première. Pendant sa descente en chute libre, radieuse, légère, elle ne tremble plus. Elle ne voit que les visages de ses « deux hommes » qui l'attendent en bas. Pour eux, elle n'ouvre son « pépin » qu'à 1 000 m du sol.
Record battu, les copines !

Stéphane est accompagnateur de voyages, dans le monde entier. Il connaît pratiquement tous les circuits, des chutes du Niagara au Kilimandjaro, de la muraille de Chine à l'île Maurice. Il ne lui manque plus que la lune à son programme ! Depuis vingt ans, en avion, en bateau, en train et en autocar, de grands palaces en hôtels-clubs, il sillonne le monde qui est devenu pour lui un petit village. Il parle cinq langues, a rencontré des milliers de touristes, noué des amitiés étonnantes et pense écrire plus tard un livre réunissant toutes les anecdotes qu'il a emmagasinées.
Stéphane se trouve maintenant devant un choix : continuer sa ronde autour de la planète jusqu'à sa retraite pour la compagnie dont il est salarié, ou monter la sienne, c'est-à-dire prendre une nouvelle direction professionnelle et personnelle. Pour résoudre ce dilemme qui commence à l'empêcher de dormir, il décide de faire, entre deux voyages, une retraite d'une semaine dans une abbaye pyrénéenne. Le premier jour, il est presque paniqué de se retrouver seul dans le silence d'une communauté religieuse. Puis, il s'acclimate et prend plaisir à cette rencontre avec lui-même, que de fait il avait toujours évitée. Ses périples l'ont ouvert à d'autres cultures et, en ce lieu protégé, il se découvre disposé à la méditation, au dialogue avec ce qu'il pense être une force supérieure. Cette longue réflexion teintée de spiritualité, menée dans sa petite chambre monacale et dans les allées du cloître, desserre doucement son trac, puis l'éclaire sur son avenir. Sa décision d'ouvrir une agence de voyages est prise. Dès sa sortie de l'abbaye, il téléphone à son banquier !

Trois exemples, trois manières personnelles d'évacuer son trac par la conversation, avec un interlocuteur qui n'est pas toujours physiquement présent ! Vous l'avez compris : quand nous vous

Les mots qui paralysent

➢ Le trac se caractérisant largement par la «peur de ce qui va arriver», il est logique qu'une anticipation mentale positive de l'action soit apaisante. Mettre en images le futur, lorsqu'il est menaçant, c'est le voir, donc être en mesure d'organiser notre défense contre lui. Mais nous sommes également doués d'un pouvoir d'anticipation négative, issu de notre «plan de vie» établi dans la petite enfance (voir chapitre précédent) et que l'Analyse Transactionnelle nomme «scénario».

➢ Il existe en outre des mots qui, accolés aux prescriptions parentales, prennent un pouvoir particulier et résonnent notre vie durant comme des signes de peurs «annoncées». À savoir :

– JAMAIS («Tu ne seras jamais content!»).
– TOUJOURS («Tu auras toujours la trouille!»).
– AVANT («Tu ne connaîtras pas la paix avant ta retraite!»).
– APRES («Après 40 ans, adieu bonheur, bonjour douleurs!»).
– SANS CESSE («Tu dois sans cesse te méfier!»).
– TROP («La vie est trop courte pour faire tout ce que tu veux!»).

➢ Le pouvoir de ces mots peut être mis en doute… jusqu'au jour où l'on s'aperçoit de sa propre obéissance à l'un d'entre eux. Vous pensez vous reconnaître dans l'un de ces commandements? Il n'est jamais trop tard pour vous libérer de tels tyrans qui vous tiennent sous influence. Remplacez la négation qu'ils véhiculent par un message positif. Votre trac éventuel aura alors la tâche bien moins facile…

conseillons de partager vos projets, il ne s'agit pas, dans notre esprit, de vous inviter à « refiler le bébé » à autrui, d'abandonner vos responsabilités et d'attendre que votre vis-à-vis, quel qu'il soit, résolve votre problème. Nous vous suggérons simplement d'en faire part, pour être écouté et compris, ce qui atténuera la pression ressentie et vous soulagera.

Notre suggestion : restez aux commandes !

➠ Trouver une « bonne oreille » lorsque vous avez une décision à prendre, c'est en quelque sorte trouver un écho. C'est vous adresser à quelqu'un de confiance, dont l'écoute est bienveillante et suffisamment neutre pour vous réconforter, vous rassurer, et vous renvoyer à vous-même, détenteur de votre solution. Nous retrouvons ici, toutes proportions gardées, le rôle d'un bon psychanalyste.
➠ De même, lorsque votre interlocuteur n'est pas physiquement devant vous, et que le contact relève de la représentation mentale grâce à une image, ou est d'ordre spirituel, il ne convient pas d'attendre de solution magique. C'est bien vous qui agissez, avec votre libre arbitre. La pratique de cette communication introspective (sous forme de questionnements, de dialogues ou de prières) n'a d'autre objet, à nos yeux, que de vous apporter l'apaisement souhaité, de vous recharger en énergie psychique et de vous guider vers la créativité.

---

2. L'estime de soi

a) Affirmez-vous !

« Celui-là, il n'a pas le trac ! » Ne vous arrive-t-il jamais de vous faire mentalement cette remarque, par exemple lorsqu'un camion déboîte devant vous sur l'autoroute sans prévenir ? ou quand votre voisin de table au restaurant vous empeste avec son énorme cigare ? ou encore à cause de cet effronté qui met sa radio à fond sur la plage alors que vous y sommeillez ? En ressassant nerveusement cette petite phrase, vous pensez, bien sûr, que ces individus n'ont vraiment pas peur de gêner les autres. Et, suivant votre humeur du jour, vous protestez… ou vous laissez tomber.

Or, leurs comportements ne relèvent pas de l'affirmation de soi, mais sinon de l'inconscience, de la goujaterie, voire du mépris de l'autre. Quand nous vous conseillons de vous affirmer, nous ne vous suggérons pas, à leur image, de faire preuve de cynisme ou de vous imposer au détriment d'autrui, même si le culot est entré dans les mœurs à tel point que certains en font un talent social. Pour notre part, nous vous engageons à ne pas laisser passer sans rien dire ce genre d'attitudes.

Vous pouvez, selon les circonstances :

- Faire remarquer l'infraction commise (un coup de Klaxon appuyé au camionneur sera toutefois préférable à une queue de poisson et ses éventuelles conséquences).
- Exprimer votre opinion calmement même si votre interlocuteur est agressif (« La fumée de votre cigare me dérange, je vous prie de l'éteindre ! »).
- Défendre vos droits tout en respectant les siens (« Voulez-vous baisser le son de votre poste de radio, s'il vous plaît ? »).

Bref, suivant la formule, ne vous montrez ni hérisson ni paillasson. En fait, vous « mettre en boule » contre le perturbateur comme « faire la carpette » devant lui sont deux attitudes productrices d'adrénaline, donc de peur et de trac. Est-il vraiment possible de s'affirmer sans pour autant devoir affronter les autres ? Oui, bien entendu. Dans les cas évoqués ci-dessus, il convient d'ailleurs davantage d'oser faire remarquer aux intéressés la gêne qu'ils occasionnent (et d'en obtenir l'arrêt) que de chercher le conflit. Pourtant, lorsque celui-ci est inévitable et ne peut être réglé par la négociation, il faut parfois solliciter l'arbitrage adéquat (en l'occurrence police, direction du restaurant, responsable de la plage).

Si nous avons illustré d'emblée notre argumentation par des scènes pénibles de la vie quotidienne, c'est qu'il ne faut pas vous dire, en chaussant en permanence des lunettes roses (une façon de ne rien voir) : « Tout le monde il est beau, tout le monde il est gentil ! », ou encore de ne pas vous intéresser à ce que font les autres. Notre propos n'est pas non plus de vous encourager à « faire des histoires » dès que vous êtes en communauté. Nous vous recommandons seulement de veiller à vous faire respecter. La prévention du trac et de l'anxiété passe par cette affirmation de soi qui permet d'exprimer aisément son point de vue (assertivité).

Courage, fuyons !

Nous vivons dans une société qui communique de plus en plus, mais qui se parle de moins en moins. Grâce à la technologie, on obtient désormais directement le bout du monde à domicile... même si l'on ne connaît pas son voisin de palier. Triste constat, les distances raccourcissent mais l'écart entre les êtres se creuse. Nous en voulons pour preuve la multiplication des ordinateurs, fax et autres cartes magnétiques : en réduisant notre besoin de l'autre, ces outils quasi magiques – tels que l'Internet – réduisent aussi du même coup les rapports sociaux. De son côté, le confort de la vie moderne – certes appréciable, mais qui enferme douillettement chacun chez lui devant sa télévision – ne favorise pas la convivialité. Il suffit de voir, dans nombre d'entreprises, les portes closes le long des couloirs pour que se confirme ce refus du contact. Quant à la voiture, devenue résidence secondaire, elle encourage davantage à l'isolement, toutes vitres fumées et fermées (climatisation oblige) qu'à la confraternité. La rançon du progrès !

Même si notre tableau ne se veut ni généralisateur ni pessimiste, il faut bien admettre qu'une telle tendance au repli sur soi, pour ne pas dire au « moi d'abord ! », institué en mode de vie par l'*Homo informaticus,* ne peut qu'installer en lui la crainte de son semblable. Vivre caché pour vivre heureux n'est pas sans risques. On connaît bien, aujourd'hui, les dégâts que produisent sur l'organisme ces manœuvres d'évitement, forme moderne de la fuite pratiquée par l'homme des cavernes quand il ne pouvait pas faire face à l'adversaire. Cette passivité, assortie d'un rejet de la responsabilité, transparaît dans les « pas le temps, je suis débordé », « ça m'est égal », « moi, je n'ai rien vu » que l'on entend trop souvent aujourd'hui. Quant aux effacés, aux assistés et aux éternels coupables, ce sont autant de personnes qui, à l'évidence, ne sont pas en accord avec elles-mêmes et participent, avec leurs somatisations diverses, au championnat du monde de consommation des tranquillisants... que la France gagne chaque année ! Autant de « traqueurs » potentiels, on l'avait deviné.

À l'attaque !

L'autre versant de l'attitude « non assertive », c'est l'attaque. Autrement dit, la même carte, mais retournée. Au lieu de chercher à obtenir normalement ce qu'il désire ou faire valoir ses opinions à son tour dans un entretien, l'attaquant agresse d'entrée. Il donne de la voix pour s'imposer ou emploie un ton coléreux pour vous impressionner, quand il ne vous manipule pas.

Qui n'a pas eu maille à partir avec ce fonctionnaire zélé, un tantinet persécuteur et en mal de galons ? Malgré vos papiers en règle et votre parfaite honnêteté, vous n'obtenez son tampon au guichet, le document demandé ou la liberté de passer la frontière qu'au prix de mille courbettes !

Qui n'a jamais subi, dans un dîner, un M. Je sais tout ? Il monopolise la parole, a toujours un exemple à citer avant tout le monde, vous contredit quand vous tentez d'avancer un avis, fait preuve d'intolérance flagrante... et se sert copieusement le premier sans s'occuper des autres.

Qui n'a jamais dû céder aux caprices d'un chef de service pervers ? Celui-ci menace de compromettre vos vacances d'août si vous ne lui remettez pas un état comptable soi-disant urgent. Et vous constatez en septembre qu'il n'a pas encore regardé ce travail...

Il y a de grandes chances pour que ces individus cherchent à régler, à travers des attitudes autoritaires et autres abus de pouvoir, quelques frustrations personnelles anciennes. Ils peuvent aussi, sous des allures intimidantes, exprimer leur malaise et leur propre peur déguisée, qui déclenche celle de leurs victimes. Comment se protéger de telles agressions ? Si l'on peut rester très calme quelques minutes devant un douanier, ou même toute une soirée avec un convive que l'on ne reverra pas de sitôt, il est certes plus ardu de garder son sang-froid devant un supérieur tyrannique, que l'on côtoie huit heures par jour.

La méthode assertive recommande, lorsque l'on a compris que les attaques de son interlocuteur ne s'adressent en fait pas à soi, de les « laisser glisser », exactement comme glisse l'eau sur un imperméable. Si vous vivez une telle situation, c'est ce détachement affectif qui vous protégera du trac.

Il se peut aussi que cet attaquant... soit vous-même. Dans ce cas, il est capital pour vous d'identifier les causes de votre agressivité et de faire la paix avec votre passé. Décider de pardonner à un parent, à un ami, à un groupe de personnes qui vous ont antérieurement blessé est une démarche noble, parfois difficile. Sachant qu'elle est libératrice, qu'elle peut lever votre angoisse et vous aider à vous affirmer, ne vaut-elle pas la peine d'être entreprise ?

Oui, il est possible d'enterrer la hache de guerre !

« Aime-toi toi-même ! »

« Aime-toi toi-même ! »... aurait pu ajouter Socrate à sa célèbre injonction « Connais-toi toi-même », avant d'ajouter : « Et tu connaîtras les dieux ! ». S'aimer, c'est se respecter et respecter tout naturellement les autres, c'est les apprécier. C'est aussi, pour paraphraser le philosophe, une des meilleures façons de connaître leur considération. En clair, d'être aimé d'eux, amour dont nous avons tous besoin, pour notre équilibre physique et mental.

L'estime de soi est donc capitale dans le contrôle du trac, car elle permet d'aller vers autrui en toute confiance. Quand elle n'existe pas, la peur de l'autre est souvent présente. Les animateurs de séminaires observent fréquemment cette crainte chez des stagiaires, qui se sous-estiment en début de session.

Nous avons demandé à l'un de ces formateurs, André Castoriano [2], de nous expliquer sa méthode pour mettre à l'aise les participants :

Dans ma pratique de formateur, je suis souvent confronté à des gens qui manifestent une inhibition passagère en arrivant dans un groupe nouveau. Cette retenue se manifeste dès la présentation individuelle, avec une difficulté évidente à parler de soi devant des inconnus. Elle peut se poursuivre par un net refus de participer ensuite à des séances de vidéo, avec le prétexte du trac de parler en public. À mes questions pour obtenir des explications sur ce trac, les stagiaires concernés ont parfois le réflexe de se raidir et même de m'opposer une certaine agressivité. Au cours du dialogue, ils finissent par me confier avec embarras qu'ils ont peur d'être jugés... et que le jugement de leur image ne peut être que négatif !

Il s'agit donc d'une dévalorisation de soi par survalorisation des autres. Autrement dit, le sujet se déqualifie en leur attribuant un pouvoir qui n'existe que dans son esprit. C'est essentiellement cette construction psychique qui installe l'inhibition et la passivité, avec leur cortège bien connu de manifestations physiologiques : gorge sèche, jambes flageolantes, accélération du rythme cardiaque, sueurs froides, etc. Comment neutraliser ce trac paralysant ? Il convient d'abord d'identifier les angoisses en cause pour les surmonter. Qu'est-ce que je veux fuir ? Pourquoi suis-je agressif ? Avec ce type de questions et leurs réponses, qui doivent être le plus précises possible, nous amenons le stagiaire à la « prise en main » personnelle de son stress.

Qui dit stress dit notamment – au-delà de sa définition de « réponse physiologique » – combinaison de deux croyances :

- *Une représentation du temps faussée par une notion angoissante d'urgence.*
- *Une idée de soi à type d'affirmation négative (« Je ne pourrai jamais ! »).*

---

2. André Castoriano est spécialiste en développement personnel à Vincennes.

Je découpe donc mon intervention en deux séquences dictées par ces paramètres :

- *J'invite les stagiaires parasités par le trac à d'abord se dégager de cette pression imaginaire du temps... en prenant tout leur temps avant de s'exprimer. Il leur est ainsi demandé, dans un but de détente et de confort, d'arriver largement avant le moment de leur prestation.*
- *Je leur propose un exercice de relaxation au cours duquel, allongés ou assis les yeux fermés et dans le calme, ils s'imaginent en situation vécue de bonne relation à autrui (par exemple, un échange de poignées de mains et de baisers affectueux, de paroles aimables et de sourires, lors de l'arrivée dans une récente soirée amicale).*

Après une telle visualisation, qui donne à chacun des images de sa reconnaissance par les autres, les stagiaires se disent le plus souvent disposés à se présenter devant le groupe et l'œil de la caméra. Ils montrent alors en effet leur confiance en eux par :

- *Une prise de parole affirmée et détendue.*
- *L'acceptation souriante de leur personne à l'écran.*

Ce « travail de réassurance » permet aussi – et ce n'est pas la moindre des choses – de faire prendre conscience aux intéressés que le trac, dans son acception positive, nous permet de transformer la peur qu'il incarne en estime de soi et des autres, et par là, de nous rapprocher d'eux !

André Castoriano.

Il est intéressant de remarquer l'articulation de la technique de ce formateur, qui parvient à faire « basculer » les stagiaires du NON au OUI, lors de leur vécu du trac, et ce, en six phases distinctes et successives :

- Emprise du trac (« J'ai peur de moi et des autres »).
- Mauvaise image de soi (« Je n'intéresse pas les autres »).

- Autorenforcement (« Je suis digne d'intérêt »).
- Attention d'autrui (« Je suis reconnu par les autres »).
- Expression en public (« Je suis écouté »).
- Confiance en soi (« Je m'accepte et j'accepte les autres »).

Cette progression, non évidente au départ, conduisant du refus à l'acceptation de s'exprimer devant autrui, nous démontre ici encore la métamorphose possible du trac, sans magie aucune, d'énergie négative en énergie positive.

Elle témoigne également de notre précieuse faculté de dépassement de soi, lorsque se déclenche en nous le « vouloir ».

b) Riez !

Nous sommes heureux de terminer ce livre en valorisant une fonction qui, pour être le « propre de l'homme », selon la définition d'Aristote, n'occupe pas encore la place qu'elle mérite au sein des relations sociales. Nous voulons, bien sûr, parler du rire et de ses bienfaits.

Est-ce parce qu'il est de l'ordre du plaisir, parce qu'il peut s'exercer aux dépens d'autrui, ou encore parce qu'il permet de chahuter parfois les convenances sociales, force est de constater que le rire n'est pas toujours bien vu. On pourrait même dire, pour rire, qu'il n'est pas pris au sérieux ! Le rire est pourtant bien plus que l'« expression de la gaieté », tel que le définissent nos dictionnaires. Il est en soi un phénomène psychique et corporel total, dit avec raison Éric Smadja[3]. En cela, le rire nous intéresse en particulier au plan du trac, parce qu'il est un merveilleux décontracturant naturel (« rire à gorge d'employé », disent les clowns !)

Point n'est besoin d'un long développement, tant ses effets physiques parlent d'eux-mêmes. Nous avons vu l'intérêt de la plupart d'entre eux dans le cinquième chapitre. Ce sont :

- Le relâchement musculaire.
- L'accélération puis la normalisation du rythme cardiaque.
- L'amélioration conséquente de la circulation sanguine.

3. Dans son ouvrage : *Le Rire* (coll. « Que sais-je », P.U.F. ; 1993).

- La baisse de la tension artérielle.
- L'élargissement du volume respiratoire.
- L'augmentation des sécrétions salivaires et des sucs digestifs.

Autant de parades antitrac, auxquelles il convient d'ajouter celle que fournit l'appareil endocrinien sous la forme de tranquillisants internes, les *endorphines cérébrales,* dont on connaît l'existence depuis moins de vingt ans. Quand on sait qu'elles calment à la fois l'anxiété et la douleur, on juge à quel point le rire est un outil précieux !

Il y a d'ailleurs peu de temps que l'on a reconnu la valeur thérapeutique du rire[(4)]. Des médecins comme des psychologues en font maintenant avec bonheur le thème de séminaires où les stagiaires apprennent que, pour la santé, se plier en deux… vaut mieux que de se mettre en boule[(5)] ! Le rire trouve aussi son chemin dans les hôpitaux où certaines équipes médicales en font un « show médicament » auprès des enfants[(6)].

Nous ne saurions donc trop vous recommander de rire tout votre soûl dès que vous le pouvez (spectacles, lectures, fréquentation de gens drôles) et avant vos prestations publiques ; rire, c'est à la fois s'aimer et se protéger. Vous savez aussi que le rire est communicatif. Or, y a-t-il un instant plus agréable et réconfortant que de voir autrui – qu'il s'agisse d'une seule personne, d'un groupe ou d'une salle entière – vous suivre dans cette « action d'éclat », selon la définition des cruciverbistes ?

Nous vous répétons donc ici de faire provision de mots drôles pour les placer au moment opportun. N'hésitez pas non plus à rebondir joyeusement sur les phrases de votre propre texte ou la réflexion d'un spectateur. Soyez-en persuadé, même dans les exposés les plus techniques ou les conférences les plus sérieuses, le rire a toujours sa place. Il active l'attention de l'auditoire, le ravit, le détend… et vous avec !

---

4. Lire l'ouvrage de Bernard Raquin : *Rire pour vivre* (Dangles ; 2000).
5. Lire à ce propos du Dr Henri Rubinstein : *Psychosomatique du rire* (Laffont ; 1983).
6. Compagnie *Le Rire médecin* (Institut Gustave-Roussy, Villejuif).

Du trac au rire

Pour illustrer notre propos, nous avons demandé son opinion sur les rapports entre le rire et le trac à un animateur de spectacles chevronné, Pierre Azama, humoriste et fin rieur.

TRAC... PEUR, deux mots de quatre lettres, comme VIDE !

La peur du vide. C'est ça pour moi, le trac ! Avec quoi je remplis ce vide ? avec le RIRE, bien sûr (en quatre lettres aussi !), indispensable dans mon métier. Comment imaginer un animateur triste... sauf pour « de rire », comme disent les enfants ?

D'ailleurs, c'est vraiment le rire, dont je ne rate jamais le train, qui me coupe net le trac, quand celui-ci me fait sa petite visite, avant une prestation ! Disons que je remplace instinctivement l'un par l'autre, parce qu'on trouve toujours un prétexte pour, selon la formule, se « fendre la pêche » ! Je passe alors du « trac-doute » au « rire-action ». Et je suis prêt à fonctionner ! Clap... et plus de trac !

En vingt ans d'enregistrements dans la pénombre des studios, ou de présentations sur scène, d'animations de débats, d'interviews, de lectures en public, de productions, de réalisations ou d'animations de radio, d'écriture aussi... en vingt ans d'activités variées donc – et d'occasions d'éprouver le trac – j'ai pu constater qu'une parfaite étude du dossier, un repérage des lieux, une relation sympathique avec les divers intervenants et enfin, pour boucler le tout, une bonne pinte de rire, seul (pourquoi pas ?) ou avec eux, m'apportent le calme et la lucidité pour entrer en scène.

Certes, il y a les impondérables : retards, problèmes techniques, hésitations, mais avec un sourire de quelqu'un, un rire, quand ce n'est pas un fou rire contagieux... à pleurer, ces petits ennuis, d'un seul coup ensoleillés, permettent une relance surprenante !

Alors que le trac pourrait surgir et me troubler, c'est le rire qui, en quelques secondes, avec un délicieux frisson en prime, non seulement me soulage, mais me donne la solution au problème ! Parce que le rire, comme le bon trac, c'est créatif !

Du trac et des hommes

➢ Voici quelques témoignages de comédiens recueillis au fil des ondes :

– Charles Aznavour : «En 1957, je chantais pour la première fois à l'Alhambra. J'ai eu la trouille de ma vie devant une salle qui me semblait hostile. La vérité, c'est que j'étais tétanisé par le trac. Je croyais qu'on allait me huer, que ma carrière était finie, morte. En fait, chanson après chanson, j'ai compris qu'une histoire d'amour était en train de naître.»

– Michel Blanc : «Je suis un anxieux, oui, je vois toujours le pire! J'ai peur que d'un seul coup tout s'arrête, j'ai peur qu'on ne m'aime plus, j'ai peur des trous de mémoire sur scène… mais j'aime le trac… ça fait avancer!»

– Michael Londsdale : «Depuis que je considère les autres comme mes frères, je les vois autrement. Les appeler «mes frères» et non plus «les autres» m'enlève toute crainte de mes semblables!»

– Serge Reggiani : «Plus les gens comptent sur vous, plus il faut mériter leur confiance. C'est pour ça qu'on a le trac! Il m'est arrivé d'avoir envie de quitter la scène, tellement j'étais mal. Avant, c'était la panique; maintenant, heureusement, ça va beaucoup mieux!»

– Jacques Weber : «Pour ma part, je fais une différence entre le trac et la peur. Le trac, ça se contrôle… la peur, c'est plus difficile!»

– Muriel Robin : «Ça n'est pas difficile, je joue carrément ma peau à chaque fois que je monte sur une scène. J'ai tellement le trac, qu'il faut presque m'y pousser… Après, je ne peux plus en sortir!»

Plus j'avance, avec et sans micro, plus je rejoins le poète Chamfort, quand il dit que « la plus perdue de toutes les journées, est celle où l'on n'a pas ri ».

Pierre Azama.

Par quelque grâce de la langue, le verbe *se marrir* (signifiant en vieux français s'ennuyer, s'affliger) a produit par antiphrase *se marrer* qui, à l'opposé, veut dire comme chacun sait s'amuser, se divertir, en clair « rire un bon coup » !

C'est bien ce passage de la tension à la gaieté dans vos prises de parole que vous recommande avec pertinence ce joyeux animateur, pour emporter l'adhésion de votre auditoire… et aussi vous faire changer votre regard sur le trac !

Nous empruntons à Ella Wheeler Wilcox[7] les derniers mots de ce chapitre. Peut-on mieux évoquer la puissance, pour ne pas dire la magie du rire ?

Riez et le monde rira avec vous,
Pleurez et vous pleurerez seul,
Car le triste vieux monde doit emprunter sa joie,
Mais il a bien assez de soucis en propre.

7. Écrivain et poétesse américaine (1855-1919).

CONCLUSION

Mon ami le trac

J'AI mieux compris, au fur et à mesure de mes prestations, l'élément moteur que représentent le trac et les ressources que l'on peut en tirer en le vivant positivement. Je l'éprouve encore, je l'ai dit d'entrée, et j'en ai fait aujourd'hui un ami dont j'apprécie attentions et messages !

Je sais maintenant, que s'il n'existait pas... il faudrait l'inventer ! pour bénéficier de son aiguillon, qui certes taquine, dérange parfois, mais pousse toujours en avant, et permet, quand il le faut, de se surpasser dans la relation à soi-même et aux autres !

Au cours des huit chapitres de cet ouvrage, nous vous avons donné, accompagnés de nombreux exemples, des séries de conseils, recommandations, avis, points de vue et « suggestions » divers (sans prétendre être exhaustif) qui doivent vous aider à apprivoiser le trac en toutes situations. Vous n'êtes évidemment pas tenu d'essayer l'ensemble des techniques proposées ! L'important est de savoir qu'elles existent, toutes éprouvées et à votre disposition.

Vous trouverez la ou les vôtres, pour « être bien dans votre peau » selon vos préférences, qu'il s'agisse, par exemple, d'exercices respiratoires, de relaxation ou de visualisation. Comme certains découvrent un beau soir que leur trac s'évapore (c'est vrai !) quand ils se massent les pieds, chantent une tyrolienne ou mâchent un chewing-gum ! Nous ne sommes contre aucune astuce ou recette nouvelle, sous réserve, bien entendu, qu'elles soient inoffensives.

Nous pensons aussi qu'au-delà des « trucs » s'impose parfois l'adoption d'un nouveau comportement, d'un traitement de fond, en quelque sorte. Telle la réorganisation de votre temps ou une assertivité plus marquée.

Là encore, à vous de « sentir » quels sont les domaines de votre vie à « revisiter » pour acquérir, avec disponibilité et assurance, une meilleure résistance à cet autre trac que nous avons nommé négatif.

Nous vous rappelons, enfin, que l'on s'habitue à tout... même aux situations les plus « traquantes ». À force de se présenter à des examens (les redoublants le savent) et à des concours, de tenir un micro, de faire des exposés, de chanter ou de jouer devant un public, de parler à la radio ou à la télévision, comme de participer à une exhibition sportive, bref, de répéter souvent une situation, il y a accoutumance et la tâche devient plus facile. Le trac est alors de moins en moins agressif, jusqu'à devenir, par un phénomène d'habituation, un simple mais efficace « vigile » qui prévient des dangers éventuels et s'en tient à donner l'énergie nécessaire.

Si votre trac est vraiment très méchant, c'est-à-dire s'il résiste à toutes les techniques que nous vous avons suggérées, sachez qu'il existe beaucoup d'autres solutions. Nous vous disions en introduction que le recours à la pharmacopée ne nous semblait pas judicieux pour le trac « ordinaire ». Nous le pensons toujours à la fin de cet ouvrage. La médecine peut toutefois en décider autrement, dans les cas particuliers d'anxiété, en proposant, outre les tranquillisants classiques, les antidépresseurs, les bêtabloquants (d'après les journaux médicaux, trente pour cent des violonistes de concert américains en absorbent). L'homéopathie, la phytothérapie ou l'acupuncture ont aussi leurs adeptes.

Parmi les méthodes non médicamenteuses peuvent encore vous aider :
– La thérapie comportementale (habituation et sensibilisation aux situations stressantes).
– Le yoga et ses dérivés (nous l'avons abordé).
– Les multiples thérapies de groupe et techniques de développement personnel (trois formateurs ont exposé leurs méthodes dans ce livre).
– Enfin, la psychanalyse (qui demeure une valeur sûre), elle-même assortie de diverses formes de psychothérapies dites de « soutien ».

Vous avez donc le choix, et votre médecin de famille (une valeur sûre lui aussi) saura vous aider à faire le bon. Avant de vous lancer dans cette éventuelle recherche, soyez toutefois persuadé que, même s'il représente une gêne occasionnelle, le trac n'est pas pathologique. Rappelons encore sa propension à disparaître dans l'action.

Le trac est d'abord un outil dont il ne faut pas faire une arme (qui plus est contre soi-même) par préjugé hâtif ou fantaisie de l'imagination. En ce sens, notre dernier conseil sera de vous engager à faire vôtre ce précepte du philosophe Épictète, qui disait déjà il y a deux mille ans : **« Ce ne sont pas les choses en elles-mêmes qui nous font peur, mais l'opinion que nous avons d'elles ! »**

Adresses utiles

France

Association française de thérapie comportementale et cognitive, 100, rue de la Santé, 75014 Paris (tél. : 01 45 88 78 60 – fax : 01 45 89 55 66).

Pierre Azama (animations), 4, rue de l'Arsenal, 92800 Puteaux (tél. : 01 46 97 13 32).

Monique Calecki (enseignement du yoga), 11, rue Pascal, 75005 Paris (tél. : 01 45 35 84 71).

André Castoriano (développement personnel), 17, rue Daumesnil, 94300 Vincennes (tél. : 01 43 98 14 95).

Michèle Sovier-Sandillon (thérapies comportementales et expression orale), 3, rue de Nogent, 51100 Reims (tél. : 03 26 07 25 91).

Belgique

Association pour l'étude, la modification et la thérapie du comportement, 36, rue du Jardin-Botanique, B-4000 Liège.

Canada

Association scientifique pour la modification du comportement, 7401, Hochelaga, Montréal, Québec HIN 3M5.

Suisse

Société suisse de thérapie comportementale et cognitive, 8, Postfach 3 000, 8, Hotelgaße, CH-3011 Berne (tél. : [31] 3 11 12 12).

Échangeons !

Vous venez de terminer la lecture de ce livre. Peut-être souhaitez-vous échanger avec moi à son propos ?

Si vous désirez commenter ce livre, me donner vos impressions ou un truc « antitrac », mais encore recevoir un avis, une aide ou une adresse, je vous remercie de bien vouloir m'écrire, par l'intermédiaire de mon éditeur, vos commentaires et demandes éventuelles de renseignements.

Je vous répondrai avec plaisir.

(Joindre une enveloppe timbrée pour la réponse.)

Bibliographie

Apfeldorfer, Gérard : *Pas de panique ! Manuel à l'usage des phobiques, des angoissés et des peureux* (Hachette Pratique ; 1992).

Brand-Hetzel, Christiane : *Training autogène* (Marabout ; 1992).

Calecki, Monique & Thévenet, Monique : *Techniques de bien-être pour les enfants, expression corporelle* (Armand Colin ; 1988) ; *Do-in et massages pour enfants* (Chiron ; 2000).

Cayrol, Alain & Saint-Paul, Josiane de : *Derrière la magie : la programmation neurolinguistique* (InterÉdition ; 1984).

Chalvin, Dominique : *Faire face aux stress de la vie quotidienne* (E.S.F. ; 1991).

Delore, Michel : *La Condition physique du sportif et de l'homme moderne* (Amphora ; 1975).

Garibal, Gilbert : *La Méthode Coué* (De Vecchi ; 1999) ; *ABC de l'Analyse Transactionnelle* (Grancher ; 1999) ; *Le Guide de l'animateur efficacce* (De Vecchi ; 1999).

Huisman, Denis & Vergez, Henri : *Philosophie* (t. I, « L'Action » ; t. II, « La Connaissance », Marabout ; 1994).

Klatzmann, Joseph : *La Marche pour être en forme* (Marabout ; 1993).

Koupernik, Cyrille : *Le Livre des peurs* (Ramsay ; 1987).

Laborit, Henri : *Éloge de la fuite* (Laffont ; 1999).

Lassus, René de : *La Communication par la P.N.L.* (Marabout ; 1992).

Merejkowsky, Michel : *Le Guide Marabout du vélo et du cyclotourisme* (Marabout ; 1980).

Pfeiffer, Carl C. & Gonthier, Pierre : *Équilibre psycho-biologique et oligo-aliments : les enseignements du Brain Bio Center de Princeton* (Debard ; 1983).

Picardat, Jean-François : *Le Grand Guide du timide* (Marabout ; 1995).

Rubinstein, Henri : *Psychosomatique du rire* (Laffont ; 1983).

Servan-Schreiber, Jean-Louis : *Le Nouvel Art du temps : contre le stress* (Albin Michel ; 2000).

Simonton, Carl : *Guérir envers et contre tout : le guide quotidien du malade et de ses proches pour surmonter le cancer* (Desclée de Brouwer ; 1982).
Smadja, Éric : *Le Rire* (coll. « Que sais-je », P.U.F. ; 1993).
Storr, Anthony : *Solitude : les vertus du retour à soi-même* (Marabout ; 1993).
Raquin, Bernard : *Rire pour vivre* (Dangles ; 2000).

Table des matières

DEUXIEME PARTIE

On se calme !

L'impression de cet ouvrage
a été réalisée par CLERC S.A.
18200 SAINT-AMAND-MONTROND
Tél. : 02 48 61 71 71

pour le compte des Éditions DANGLES
18, rue Lavoisier – 45800 SAINT-JEAN-DE-BRAYE

Dépôt légal Éditeur n° 2447 – Imprimeur n° 7648

Achevé d'imprimer en août 2001

Dans la même collection :

Gilbert GARIBAL :

VERS LA CONFIANCE EN VOUS
en huit étapes.

Format 15 x 21 ; 304 pages.

« Vais-je être à la hauteur ?... Pourvu que je ne perde pas mes moyens !... Je crains d'être dépassé par les événements !... » Autant d'expressions populaires pour qualifier le **manque de confiance en soi,** ce sentiment d'éventuelle autotrahison. Notre imagination, si nous la laissons faire, est par nature plus prompte à projeter sur notre écran mental des situations d'échec que de réussite, susceptibles de nous déprécier et, partant, de survaloriser autrui, qu'il s'agisse d'une prise de décision ou de parler en public, d'un oral d'examen, d'un entretien d'embauche, d'un rendez-vous amoureux...
Vous croyez peut-être que vous manquerez toujours de maîtrise et d'assurance ? Que la facilité d'élocution, le brio, l'aisance, l'aplomb et l'audace sont l'apanage d'êtres exceptionnels ? Détrompez-vous ! Nombre de ces qualités sont en vous et ne demandent qu'à s'extérioriser. Encore faut-il leur en donner la possibilité. C'est à cette démarche que vous invite Gilbert Garibal, psychosociologue et conseiller en relations humaines, avec cet ouvrage interactif, à la fois teinté d'humour et ponctué de nombreux exemples vécus.
Il vous conduira, en huit étapes dynamiques, de la rencontre à l'estime de vous-même, en passant par l'identification de vos ressources. Analyser les raisons de vos peurs et les museler, « réhabiter » votre corps, réapprendre à penser, retrouver le vrai dialogue, repasser de l'Avoir à l'Être, prendre le temps de vivre, libérer votre créativité et enfin reconsidérer l'amour de soi et des autres : tel est le programme ici proposé. L'itinéraire n'est pas long : quelques semaines suffiront pour mettre en lumière vos capacités et vous *affirmer.* Au seul risque de bien vouloir porter en route un regard neuf sur vous-même et le monde... Et à condition, pour commencer, d'oser lire ce livre !

EXTRAIT DE LA TABLE DES MATIÈRES :

Étape 1 : **Le Moi** – L'homme en questions (commencement, regard de l'autre, vie et mort) – D'où viens-je ? (inné, acquis, religion, éducation) – Qui suis-je ? (personnalité, émotions, sentiments, besoins vitaux) – Où vais-je ? (Plan de vie, développement personnel, but).
Étape 2 : **Le corps** – Les phénomènes émotionnels (stress, angoisse, trac) – L'expression orale et corporelle (respiration, élocution, mouvement) – L'hygiène de vie (soins, alimentation, sommeil) – L'exercice physique (jeu, sport, relaxation).
Étape 3 : **La pensée** – Les pouvoirs de la volonté (caractère, moral, courage) – Être adulte (préjugés, illusions, droits et devoirs) – La pensée positive (méthodes Coué, Vittoz et Frankl) – La puissance de l'imagination (visualisation, méditation, symbolisation).
Étape 4 : **La communication** – Le monologue (contamination, exclusion, symbiose) – Le dialogue (transactions simple, double, de redéfinition) – L'évaluation (stimulations, jeux pervers, autopositionnement, votre relation aux autres) – La convivialité (vivre ensemble, prendre des loisirs, rire).
Étape 5 : **Les valeurs** – L'autoprise en charge (problèmes, évitement, choix) – De l'Avoir à l'Être (être et paraître, argent, réalisation de soi) – Les mauvais chemins (rancœur, mensonge, conflit) – Entre autres vertus (fraternité, pardon, humour).
Étape 6 : **Le temps** – Le cours du temps (passé, présent, futur) – Les temps quotidiens (temps personnel, professionnel, des transports) – La mesure du temps (montre, agenda, notes) – Les pièges du temps (vitesse, retard, urgence).
Étape 7 : **La créativité** – L'imaginaire (liberté, projet, plaisir) – L'épanouissement (nouveauté, quiétude, acceptation de soi) – L'activité artistique (technique, écriture, scène) – La spiritualité (culture, foi, méthodes spiritualistes).
Étape 8 : **L'amour** – Le désir (être aimé, s'aimer soi-même, aimer les autres) – La communion (le partenaire, l'enfant, l'animal) – L'adoration (croyance, prière religieuse, prière-dialogue) – Le don de soi (responsabilité, bénévolat, vie associative).

Dans la même collection :

Gilbert GARIBAL :

ÉMOTIONS : MODE D'EMPLOI.

Amour, joie, peur, tristesse, colère...

Format 15 x 21 ; 200 pages.

L'homme est doué à la fois de sensibilité et de réactivité. Mais une idée reçue, encore très répandue, fait penser que les réactions émotionnelles doivent précisément être maîtrisées ! Combien d'enfants apprennent ainsi dès leur plus jeune âge à masquer leur ressenti, combien d'adultes « coincés » n'osent pas prendre la parole en public pour formuler un avis ou un désaccord ? Rires et larmes sont ainsi ravalés, compliments et reproches rentrés. Toutes ces émotions contrariées puis enfouies se transforment en toxines qui empoisonnent littéralement l'organisme. De la sorte, se « fabriquent » dans notre société si cruelle, les timides, les anxieux, les stressés, les aigris ou les hargneux ! L'émotion, qu'on la nomme peur, colère, tristesse, joie ou amour, avec ses corollaires sentimentaux, est en nous une source vive qui ne demande qu'à jaillir pour exprimer « ce que nous avons sur le cœur ». Il ne s'agit donc pas de l'étouffer, mais bien de la libérer à propos. L'exercice physique a le pouvoir d'ouvrir notre corps à la découverte et, par là même, notre esprit à la réflexion. Notre pensée s'éclaire et notre créativité s'éveille, nous permettant ainsi de séparer les bons des mauvais sentiments. Pour retrouver l'estime de soi et le dialogue, il est indispensable de prendre le recul nécessaire pour bien se connaître. Vous avez perdu le dialogue avec vos émotions ? Cet ouvrage, au travers d'un programme de bon sens qui s'étend au-delà du nécessaire exutoire, vous conduira vers l'exaltation. Dynamisé de multiples exemples vécus et de nombreux exercices pratiques, il vous propose une nouvelle vision du monde pour réenchanter votre quotidien. N'oublions jamais que l'émotion, c'est la vie.

EXTRAIT DE LA TABLE DES MATIÈRES :

Dans la même collection :

Charlotte DAVIS KASL :

DANSER AVEC LA VIE.
101 jours pour retrouver la joie de vivre.

Traduit de l'américain par Ludovic Weyland.
Format 15 x 21 ; 240 pages ; abondamment illustré.

La joie d'être et de faire n'est-elle pas plus productive que l'acharnement besogneux qui finit par nous couper de nos aspirations profondes ? Charlotte Davis Kasl nous invite à retrouver ce principe simple : on ne fait bien que ce que l'on fait avec plaisir ou envie. Dans ce but, et pour nous aider dans notre démarche, elle a mis au point un plan d'action en 101 jours.
101 jours pour changer notre façon de vivre le quotidien, pour nous aimer nous-même, pour devenir attentif aux autres, pour reprendre confiance en nous et redonner du sens à notre vie… pour retrouver la capacité à vivre dans la joie chaque instant. Grâce à sa méthode, nous pouvons enfin faire face aux événements avec une réceptivité nouvelle et positive, libéré de ce carcan qui nous empêchait de profiter pleinement des bienfaits de chacune de nos entreprises.

Ce livre se présente comme un guide, dont chaque journée constitue un exercice concret à mettre en pratique. Au total, 101 journées d'initiation au bonheur, afin de gommer les émotions négatives qui encombrent notre esprit.

EXTRAIT DE LA TABLE DES MATIÈRES :

I. **Une invitation à trouver la joie** – La joie est bonne pour chacun d'entre nous – La joie est un droit inaliénable que chacun acquiert dès la naissance…
II. **Découvrir le pouvoir de la joie** (1re à 11e journées) – Réveiller son feu intérieur – Se souvenir de la joie et retrouver l'espoir – Se préparer à la joie…
III. **S'aimer soi-même, peu importe le reste** (12e à 21e journées) – Avoir le droit d'être parfaitement imparfait – Rechercher toujours l'aspect positif…
IV. **Élever la puissance de son esprit** (22e à 30e journées) – Penser offre davantage de puissance – Être en retard et paniqué, ou simplement être en retard…
V. **Se détendre, trouver l'équilibre dans un monde de folie** (31e à 41e journées) – Ça n'est pas grave… – Ne jamais oublier : ce qui est est…
VI. **S'émerveiller de son corps** (42e à 46e journées) – Se souvenir du miracle de son corps – Écouter son cœur qui ne cesse jamais de battre pour soi – Respirer – Employer son incroyable mémoire pour le plaisir – Jouer avec son imagination.
VII. **Briser les règles : quelques trucs pour rendre la vie plus facile** (47e à 53e journées) – Lorsque l'on se sent tel un bébé, prenons une baby-sitter – Ça vaut la peine de le faire, même si ce n'est pas la perfection…
VIII. **Se rattraper à une bouée de sauvetage** (54e à 61e journées) – Premiers secours pour moments difficiles – Si l'on perd pied, ne pas chercher à tout contrôler…
IX. **Savoir aimer son corps en dépit de tout** (62e à 68e journées) – Le ressenti, et pas nécessairement le paraître – Exercices, exercices, exercices…
X. **Aimer les enfants pour mieux se connaître** (69e à 84e journées) – Connaître la joie grâce aux enfants – Laisser les enfants nous ramener à l'amour – Parent de la prochaine génération – Se soucier moins, s'amuser plus – Offrir des souvenirs heureux…
XI. **Avec les années vient la sagesse** (85e à 90e journées) – Vieillir n'est pas une mince affaire – Savoir se préparer à temps – Se réconcilier avec sa vie – Continuer à s'amuser, et conserver le sens de l'humour – Ne pas se renfermer sur soi-même…
XII. **Danser avec la vie** (91e à 99e journées) – La vie… inutile d'en faire une maladie ! – Suivre sa vocation : laisser son histoire s'écrire d'elle-même…
XIII. **La joie dans le monde** (100e à 103e journées) – Bénir la planète de sa joie – Se souvenir : tout amour est amour de Dieu – Aimer la Terre qui nous le rend bien…

Dans la même collection :

Claude-Marc AUBRY :

CHASSER LA DÉPRIME...
et profiter de la vie.

Format 15 x 21 ; 128 pages.

Il est pratiquement impossible de dater le début d'une dépression, car l'événement apparemment déclencheur – une rupture sentimentale ou bien encore un décès – peut n'être que la goutte d'eau qui aura fait déborder le vase. Souvent, la déprime était déjà installée et la dépression couvait depuis des années. Apprenons donc à comprendre son processus et, surtout, la méthode pour s'en sortir ! Pour cela l'auteur nous invite, au travers des pensées vieilles comme le monde de nos anciens sages et philosophes (Platon, Euripide, Épictète, W. James, J.-P. Sartre...) à une réflexion sur nos vrais besoins.

Claude-Marc Aubry nous démontre combien il est important de comprendre notre fonctionnement comportemental – tant sur le plan émotionnel que sentimental –, et nous invite à méditer sur la définition du mot amour à travers entre autres les pensées de Khalil Gibran, faisant sienne la thèse de Spinoza qui dit que l'amour vrai nous apporte la joie, alors qu'une fausse histoire d'amour nous prépare à la déprime et, plus encore, à la dépression.
Dans ce livre nous apprenons aussi comment il est possible par un travail de développement personnel ou d'analyse rationnelle de guérir la peine, la tristesse ou la peur, et de retrouver la joie de vivre et de rire...

EXTRAIT DE LA TABLE DES MATIÈRES :

I. **Dépression et déprime.**
II. **La solitude et l'estime de soi.**
III. **La vie affective** (besoins, émotions et sentiments) – La communication interpersonnelle – Émotions et sentiments.
IV. **L'amour et la dépression.**
V. **La guérison** – La guérison affective – La confiance en soi.
VI. **Les 7 règles de base** (pour commencer à vaincre la déprime) – Règle n° 1 : Apprendre les grandes lois du fonctionnement mental – Règle n° 2 : Vivre un jour à la fois – Règle n° 3 : Décider et agir : s'occuper constamment (et intelligemment) – Règle n° 4 : Ne se comparer à personne – Règle n° 5 : Aménager son environnement et se libérer du stress – Règle n° 6 : Se libérer de ses pesanteurs, de ses limites intérieures et de ses dépendances – Règle n° 7 : Cultiver un amour de soi et de l'autre, juste et équilibré.
VII. **L'atelier « Rire et estime de soi ».**

CONCLUSION : **De la déprime à la sérénité** (Apprendre à changer et à prendre des risques) – Bibliographie.

Dans la même collection :

Dominique FROMM :

DIRE NON, ÇA S'APPREND !

Format 15 x 21 ; 136 pages ; illustré.

Il nous est assez facile de reconnaître notre difficulté à dire non, mais c'est bien souvent avec une moue de résignation, un sentiment de fatalité, que nous faisons le constat de notre impuissance comme si, dans l'instant de cet aveu, aucun remède ne pouvait être envisagé. Comme si rien ne pouvait nous aider à sortir de cet engrenage implacable.

Et pourtant, il existe bien un moyen d'enrayer ce mécanisme et de le réajuster. Après tout, si nous nous sommes enfermés nous-mêmes dans cet espace contraignant et frustrant, qui mieux que nous posséderait la clef pour s'en libérer ?

Tel est le pari de ce livre : accompagner le lecteur sur le chemin d'accès à une plus grande liberté intérieure. L'itinéraire didactique proposé veut aider chacun, à travers une compréhension progressive de ses habitudes de retrait ou de renonciation, à retrouver confiance en ses propres perceptions, et à envisager avec plus de lucidité et d'assurance les enjeux de ses choix. C'est alors que la relation à l'autre s'enrichira d'une authentique présence dans l'affirmation de soi.

EXTRAIT DE LA TABLE DES MATIÈRES :

Petit glossaire – Introduction.

I. **Un constat d'impuissance ?** – Premier état des lieux : à qui profite la faiblesse ? – Pourquoi s'en faire une montagne ? – Une bonne raison peut en cacher une autre... – Ménager l'autre ? – À qui la priorité ? – Paradoxe de la soumission – Pièges de la codépendance – Constat : impuissance ou incompétence ? – Identifier une conviction – Dire non : à quoi précisément ? – La métaphore ou l'art de faire confiance à votre inconscient.
II. **Vers un changement de perspective** – Envisager le changement comme possible – De la crainte d'être égoïste – Charité bien ordonnée... – S'ils ne sont pas tous égaux, les humains peuvent-ils avoir chacun droit d'ego ? – Accéder à un nouveau point de vue – Vers une nouvelle vision de soi-même et de l'autre – Une petite entrevue.
III. **Vers votre puissance intérieure** – À l'écoute de votre monde intérieur – Découvrir son radar intérieur – Ne plus perdre le nord – Poser ses limites – Trop, c'est trop ! – Créer des conditions favorables – Renforcer l'estime de soi – Vers un espace inviolable – Entraîner son corps – Consolider son ancrage.
IV. **Vers une relation équilibrée** – Savoir s'écouter – De bonnes raisons d'exprimer son point de vue – L'inconnue – Conflit ou opportunité ? – Le temps, votre allié le plus sûr – L'art et la manière – Devenir prévoyant... – ... Et inventif !

Conclusion.